U0899098

入选新闻出版总署“向全国青少年推荐的百种优秀图书”

DAYI WUJIE

编委会主任

陈海燕　张　力

编委会副主任

吴小平　刘健屏　杨　丽

编　委

周兴安　祁　智　府建明　张　莉

统　筹

戴宁宁　覃婷婷

《大家》栏目工作人员

高洪芬　王成辉　周文福　朱　童　于　磊

王　超　葛　嘉　张也驰　朱　江

中央电视台科教节目制作中心 凤凰出版传媒集团 联合打造

"大家丛书"

江碧波传

大艺无界

王美诗 著

江苏人民出版社

图书在版编目(CIP)数据

大艺无界 : 江碧波传 / 王美诗著. -- 南京 : 江苏人民出版社, 2016.6

(大家丛书)

ISBN 978-7-214-18446-7

Ⅰ. ①大… Ⅱ. ①王… Ⅲ. ①江碧波-传记 Ⅳ. ①K825.72

中国版本图书馆 CIP 数据核字(2016)第 128488 号

书　　名	大艺无界——江碧波传
著　　者	王美诗
责任编辑	金书羽
责任监制	陈晓明
装帧设计	许文菲
出版发行	凤凰出版传媒股份有限公司 江苏人民出版社
出版社地址	南京市湖南路 1 号 A 楼,邮编:210009
出版社网址	http://www.jspph.com
经　　销	凤凰出版传媒股份有限公司
照　　排	江苏凤凰制版有限公司
印　　刷	江苏凤凰通达印刷有限公司
开　　本	880 毫米×1 230 毫米 1/32
印　　张	5.125 插页 2
字　　数	111 千字
版　　次	2016 年 7 月第 1 版 2016 年 7 月第 1 次印刷
标准书号	ISBN 978-7-214-18446-7
定　　价	22.00 元

(江苏人民出版社图书凡印装错误可向承印厂调换)

目录

目录

引 子

2014年的冬天，重庆市区西南部一个冬雾缭绕的山头，在一间空旷的画室里，一位满头黑发、身着黑色及踝羽绒长袍的女艺术家，正用长长的自制竹竿画棒瞄准脚下巨大的画纸，凝聚的目光里充满了专注的神情。经过短暂的考虑之后，她的笔头落在洁白的画纸上，画纸的左下方逐渐呈现出简洁的人物头像的炭笔线条。停下笔，她一边在画纸前踱着步左右巡视，考虑下一步的进展，一边哼起了一曲20世纪50年代的老调调。

这是我见到江碧波最初的印象：一位活在艺术世界中的快乐的人。

见我来访，她放下画笔，示意我和她一起坐在画板旁边的椅子上。她很自然地从欢快的艺术创作状态切换到了待客“频道”，跟我随意地聊起了她的创作感受。这幅画是这位已经76岁的女画家自发创作的大型历史长卷《上下五千年》中的一幅——《延安大生产运动》。聊起那段岁月，尘封的往事让她的脸上洋溢着欢庆真挚的笑容，“我是从解放前走过来的人，那个时候重庆街头经常都有学生游行，唱着延安来的歌，我那时还在上小学，看到她们，心里充满了向往和鼓舞，那种真切和单纯的美好一直留在我的心里，所以我在《上下五千年》中选择了画这样一个历史场景”。这个场景成为

她画里的一部分，她也由此开始了对中华文明历史的巡礼。多少个夜晚，她独自一人在画室里，用画笔与历史展开对话。

夜已深沉，江碧波作画一天也已十分疲惫。两厢倦意浓，我就住在了“碧波山庄”。第二天清晨，当狮子山的晨雾刚刚散开，鸟儿还在松枝上欢叫，我就来到江碧波的客厅与她共进早餐。整个白天和晚上，在江碧波工作时，我在旁静静陪伴，偶尔见她闲暇，便聊起那些久远的往事。我们愉快、紧凑、默契地朝夕相处，时常促膝长谈。时光总是那么短暂而又令人难忘，我被一位在艺术的天地里放开心灵、无拘无束、浪漫驰骋、才华横溢的艺术大家所感染，为她那跌宕的人生经历、快乐洒脱的胸怀所折服，被她那对民族未来的远见卓识所震撼。七十几年，她从一段我们这代年轻人只在教科书上看过的历史中真切地走到了现代，接续着未来。在她的身上，凝聚着一段民族变迁的历史，凝聚着老一辈艺术家宝贵的社会洞见，凝聚着民族艺术持久的光辉——这一切，都好似一幅古旧珍贵的画卷，在我的脑海中徐徐呈现。我想，应该把这样一位特立独行的女性艺术大家如此传奇的一生记录下来，让世人了解她作为一个女人在当代社会所实现的价值，作为一个文化影像所折射的当代社会风貌，作为一个真切的个体所承载的我们这个民族的命运和未来。或许，除了人物传记本身，我们能够从她的经历中听到更多来自时空的心灵回响。

第一章　童年漂泊

风雨欲来，蚂蚁要搬家
离乱世道，妈妈带我走天涯
不愿回顾那耳边凝固的轰响
难以忘怀一无所有的共勉和牵挂
我们一起走，我们一起留
只要爸爸妈妈在身边
哪里都是家

□1．求生大西南

1937年11月12日，淞沪会战结束，上海沦陷。危急时刻，一位已步入上海报业画界的爱国版画家江敉和妻子共同商议，决定告别上海的亲人，前往内地。一家人就在这历史的关口骤然分离。逃难的路途没有预期，未知的因素太多，谁知道下一站是哪里？江敉和妻子只能多带银钱，随着人潮，或步行，或乘船，或乘车，用尽了一切可想的办法，奔着西南求生而去。

逃生之路漫漫，1938年整整一年时间，他们都随着人群

辗转颠沛于这条路上，也是在那一年，江敉的妻子怀上了江碧波。这样开始的生命，是没有选择的，是充满无奈的，但却是顽强和倔强的。她就这样一直跟着父亲母亲，“参与”这场中华民族求生的大迁徙。

1938 年，江敉带着疲惫的妻子在长沙登上了前往内地的火车，他们和逃难的乘客一起等着火车出发，谁知却等来了日寇的空袭。人们纷纷惊恐地跳车逃生。在一片拥挤、混乱、嘈杂、血肉飞溅之中，江敉实无办法，只有催促已经身怀六甲的妻子冒险跳车，两人一起挤出车窗纵身跳下两米高的火车，滚落在站台上。幸运的是，两人都活了下来，腹中的江碧波居然也安然无恙。

经过了这一次生死劫难，江敉夫妻俩几乎一无所有。靠着身上仅有的贴身财物和江敉沿途卖画，他们一路颠沛到了贵阳。1939 年 3 月 20 日，在贵阳的一处民居里，江碧波呱呱落地，成为江敉夫妻逃难到大西南后的第一个孩子。

□2．小家和大家

父母是孩子的第一任老师，江碧波自小成长在充满爱国情怀的家庭氛围之中，感受着小家和大家的脉动，感受着父亲、母亲的人生情怀。

江碧波的父亲江敉是一位正直、有社会责任感的漫画、版画艺术家。他出生于“海上丝绸之路”的起碇港，浙江宁波镇海的一个小商人家庭。江敉自小失去母亲，家里只有一个伯母关爱他。虽然在家庭中受到冷落，但江敉没有自怨自艾、自暴自弃，而是选择了自强不息。年仅 8 岁的他就进入社会做童工，自谋生路。15 岁时，江敉从宁波来到上海做柜台伙计，并开始自学绘画。由于他具有艺术天赋，并善于自学、勤于钻研，很快在上海画界打开了局面。一开始，他主要为广告公司画商业广告，以画谋生。但目睹着国家内忧外患，他感到“天下兴亡，匹夫有责”，认为年轻人应该关心时局，于是主动投入爱国事业。在鲁迅先生的影响下，江敉不仅撰写杂文抨击时弊，还开始从事木刻版画创作，并与我国著名爱国版画艺术家华君武、叶浅予等密切交往。他从 20 世纪 20 年代开始画漫画，至 20 世纪 30 年代，为《申报》等爱国进步报刊画了大量的时局讽刺漫画和抗战漫画。

抗日战争爆发后，上海保卫战拉开了帷幕。江敉毅然投笔从戎，参加民兵保卫团，投身于保卫上海的战斗中。但眼看上海即将沦陷，江敉和上海爱国漫画界的朋友们商议后，决定响应政府的号召，一起内迁抗日。经过长沙轰炸，他们死里逃生到了贵阳，一些逃散的朋友们又相聚了。当时冯玉祥受蒋介石排挤而离职，奔走于鄂、豫、湘、黔、川等省，积极从事抗日救国活动。江敉就和华君武一起参加了冯玉祥在大西南组织的抗战文宣队。不久，国民党在重庆建立了陪都政府，而延安那边也发展得生机勃勃，华君武便约江敉一道去延安。江敉也非常想去，但他考虑到当时江碧波才两岁，家里又新添了一个尚在哺乳期的婴儿，为了让妻子和两个孩子免于奔波，暂时安稳一下，江敉选择留在重庆，在后方继续做漫画工作鼓舞民众抗日。为了养家糊口，他在青木关国民政府教育部谋了一个小职员的差事。除此以外，他更是夜以继日地创作，发表了大量抗战漫画。他的作品几乎是以每天一幅的速度见报，在重庆起到了重要的宣传鼓舞作用。在江碧波儿时的记忆里，父亲废寝忘食地雕刻版画作品的身影是

那么难以磨灭。

江碧波的母亲张静霞是一位有着中国传统妇女美德的爱国女性。她出生于浙江宁波，跟随做生意的哥哥到上海。在这里，她接触了新文化，剪了头发，放了小脚，投入到爱国革命的学生运动中。经人介绍，母亲和父亲成为志同道合的伴侣。婚后，凭借着中国传统女性独有的坚毅、独立、顽强、奉献精神，她在战乱年代支持着江敉的事业，几乎凭一己之力独立操持十几口人的家庭事务，用她宠辱不惊的人生态度，让家庭度过了无数次的风风雨雨。

解放以后，母亲张静霞又主动、义务地参加了街道居委会的工作。但她为社区做事始终坚持公益，拒绝居委会给的报酬。“虽然我母亲一辈子都没有正式工作，但我觉得她把这个家庭操持得井井有条，还能主动去为社会公益做奉献，我很佩服她。我母亲年老时总对自己没有正式工作表示遗憾，我开玩笑安慰她：‘你要是工作，当个总理都够了！’母亲就会欣慰许多。”母亲点点滴滴的付出流淌在孩子的心中，她身上蕴含的中国传统妇女的人格魅力，她所表现出的新时代女性的社会公益心和志气，深深感染了她的每一个孩子。

在江碧波的回忆里，父亲、母亲对孩子们从来没有过高的要求，总是以一颗平常心对待孩子的学习和成长。孩子们就像是山间自然生成的植物，有着充足的生长空间。幼小的女儿在母亲的宽待和呵护下，从小就懂得了在平凡的生活中寻求自己精神满足的方式，懂得了勤劳、自尊、自爱，懂得了无论物质条件多么艰难，人总是要寻求一份精神的高贵和快乐。对于江碧波来说，家庭自由氛围的滋养是她一生中最弥足珍贵的财富。

□3．荒芜之地播下美的种子

1941 年前后，江敉带着一家人到位于重庆青木关的国民政府教育部任职。

在江碧波的记忆里，当时的青木关是一个很偏僻的地方，人烟荒芜，时常有老虎、花豹出没。但那时的青木关却是当时国民政府教育部直属机关和国立音乐院（中央音乐学院的前身）等众多机构的内迁安置地，有很浓厚的文化、艺术氛围。著名画家叶浅予当时就在青木关创作了《战时重庆》组画及叙事画《逃出香港》。

在这里，音乐学院和教育学院的教职工们创办了职工幼儿园，江碧波就在这里入学发蒙。各个艺术家庭常常在闲暇的时候带着他们的孩子们一起踏青游玩，去田野里领略巴山渝水的自然风光，江碧波和她的小伙伴们则像快乐的小鸟一样在田野里玩游戏。他们一起到田野里挖红薯、采桑叶，一起跑过那野花烂漫的乡间小路，一起放声歌唱。大西南美丽的景色就是孩子们艺术熏陶的天然画卷。

1942 年秋，著名的爱国舞蹈家、有着“中国舞蹈之母”之称的戴爱莲来到重庆，就在当时位于青木关的国立歌剧学校和国立社会教育学院任教。在这里，她创作了大量以抗日救国和少数民族为题材的舞蹈作品。那个时候，还在青木关上幼儿园的小孩子们就经常看她跳舞，爱美的小女孩江碧波就深深地爱上了戴爱莲的舞蹈。戴爱莲和江敉友谊深厚，经常来江碧波家里玩，她还因为江碧波的妹妹长得像周璇，便认了江碧波的妹妹为干女儿。由于江碧波自小受到了优秀的

舞蹈艺术的熏陶，她后来对舞蹈以及绘画中的人体美产生了浓厚的兴趣。青年时期的江碧波多才多艺、身姿挺拔，非常擅长跳新疆舞和日本舞，以至于她身边的朋友刚认识她的时候，甚至都以为她是一位歌舞文艺工作者。

从 2 岁到 6 岁的四年间，江碧波幸运地融入了这个当时全国艺术精英荟萃的地方，受到了当时中国最高水平的文化、艺术熏陶。不仅如此，她在这样爱国的、充满奉献精神和乐观精神的环境中长大——这些大西南的抗战精神无时无刻不在深深影响着她。

□4. 爬坡上坎在山城

1945 年，抗战胜利了，整个重庆都沉浸在一片欢腾的喜悦之中。内迁到重庆的下江人都纷纷开始筹备返家。从上海内迁至重庆的江敉一家也决定返回上海。他们把家当都卖了，换了一点钱随身带着，买了从朝天门出发的船票，准备上船。到了码头，情况却非常不妙，趸船上面人头攒动，拥挤不堪，很多人为了挤上船，连行李都被挤到了长江里面。江敉和妻子带着孩子站在后面，看到船身摇晃，已过了吃水线，可人潮还在不顾一切地往上挤。看到这一切，本来已经决定离开重庆的他们，突然改变了想法。张静霞说："抗战这些年那么艰难，我们在重庆都平安度过了，别回去的时候反而有事，我们还不如留在这里。"后来听说那艘船在三峡附近发生了翻船事故。命运之神又一次让他们逃过了死亡。从此，江敉一家便扎根在重庆，再没有离开过。江碧波则在重庆成长、学习、发展，雾都山城成为她真正的故乡。

1945年，江碧波已经6岁了，父亲就把她送到了菜园坝的一家私塾里读书。私塾里虽然已经开始教民国小学教材，但老师的教学方法依然很传统，背书不认真要被打手板，背不出来也要被打手板，十分严格。

对于还是孩子的江碧波来说，那时不仅学习苦，而且生活同样艰难。在她的记忆里，从她五六岁开始，她就已经开始做父母的左膀右臂了。父母不断添丁，家里已经有5个孩子，作为到西南之后出生的最年长的孩子，她从那时就开始抱着、背着弟弟妹妹们长大，俨然已经是个小大人。有一段时间，她甚至拖着两岁多的弟弟，带个小板凳去上学，一边看顾弟弟一边念书。有一次上着上着，同学就在旁边喊："江碧波，你弟弟拉屎了！"江碧波赶紧去给弟弟擦屁股、换裤子，然后才回来继续学习。

江碧波(右一)七岁时与家人在重庆留影

由于战乱和撤迁，江碧波在小学阶段也多次转学。其中有菜园坝的私塾、临江门的小学、七星岗的安乐洞小学，后来是九龙坡黄桷坪五龙庙小学。当时的生活虽然很苦，但在这里，她和同学们结下了深厚的友谊。春天到了，同学们在一起养蚕、采桑叶。有的时候，江碧波会去同学们的家里玩。但同学们住得很分散，有的同学来自渝中区，有的来自九龙坡区。一群孩子们就常常结伴同行在山城的老巷、河滩、坡上坎下。正因为如此，她领略到了很多老山城的社会风尚和风土人情。那些长江边的纤夫、码头工人、拉车的劳动妇女、在山路上负重前行的村妇和一步一个脚印的挑夫都给江碧波带来了灵魂的冲击。山地人民为了生活与艰苦的自然环境抗争，他们吃苦耐劳的精神和战胜困难的决心让江碧波的血脉中也融入了山城的“爬坡上坎”精神。

回忆儿时情境，江碧波说：“作为一位女性，凡我感到生活对我有所不公或负担甚为沉重时，我的脑际就会出现拉着板板车在斜坡上挣扎的劳动妇女形象，还有负荆赶路在崎岖山道上的村妇，想到她们爽朗的笑声，想到等待她们的繁重的家务，也想到她们对自己的精神修饰和漂亮的绣花衣裳。此时，我似乎得到了某种解脱。生活的艰难使我对人生有了更多的理解，自强不息的精神振奋着我。祖祖辈辈山城人与强暴抗争的魂魄在上空呼啸，它不断催化我的艺术热情、艺术构思，它磨炼我的耐性，使之刚强。我的作品受到山里人的培植，是生活在我心中的外化……”事实上，虽然江碧波是一位从事脑力劳动的艺术家，但她的工作风格及创作的作品却是一位劳动妇女对劳动的讴歌，彰显了山地人民的强悍生命力。

□5. 永恒的红岩

重庆是一个革命圣地。在抗战内迁的年代，由于全国高校集中汇集到重庆，这里便聚集了全国各地有思想、有见地的仁人志士，聚集了大量有勇气、有理想的热血青年。这里有共产党在抗日战争时期和解放战争初期在国民党统治区公开出版发行的机关报《新华日报》，每天，在重庆的街头巷尾都有报童在售卖进步报刊。解放前的重庆，革命思想十分活跃，在这里随处可见的茶馆里、黄桷树下，人们茶余饭后街谈巷议的多是政治时局。江碧波和她的小学同学们时常行走在重庆街头，这家庭、学校教育之外的社会课堂增加了她的见闻、开阔了她的眼界，让她对社会现实有更真切的认识。

不仅如此，由于当时的重庆一带活跃着大量共产党地下党组织，因此常常有大学生等有识之士有组织地上街游行抗议国民政府的独裁和腐败。江碧波那时就经常看到这样的场景。她记得十分清楚，有一次在七星岗那里，游行的学生挽手齐声高唱“解放区的天是明朗的天”。临近解放，政治压迫十分厉害，但革命学生们的勇气、团结、信念，以及现场那热烈坚定的气氛都深深印在了她的脑海里。

在家里，父亲自辞去国民政府教育部的工作以后，一边在菜园坝的广告公司工作以养家糊口，一边也加入到了爱国知识分子拥护共产党、反对国民党反动派迫害进步人士的行列中。解放前，重庆是迫害最严重的地区，当时重庆的进步人士们都十分关注歌乐山白公馆、渣滓洞的政治监狱。江敉也一直紧密关注歌乐山那边的动态。1949 年 11 月 27 日的

夜晚，对于江碧波来说是一个难以忘怀的漫漫冬夜。那夜，解放重庆的枪炮声远远传来，孩子们都心有余悸，而江敉一夜未眠，他对家里人说："中国新的希望终于来了。"他似乎预感到歌乐山政治监狱会出大事，11月28日凌晨，他就带着自己购买的相机离开了家。在孩子们看来，父亲在这时候出门简直称得上是勇士之行。江敉从菜园坝赶到歌乐山大屠杀现场，为这历史的一刻拍下了很多珍贵的照片。现场散布着共产党革命先烈残缺的遗体和一汪汪凝固的血泊，他们的家属悲痛万分，在照片里，似乎连天空的颜色都十分灰暗，仿佛苍天都在为他们哭泣。那时，江碧波年仅10岁，她陪着父亲沉痛地整理这些照片，一幕幕情境怎能不深深震撼她纯真的心灵？

回忆往事，她感慨地说："我明白地看到了，原来巨大的悲痛和永恒是联系在一起的，牺牲与光明是联系在一起的，人类的爱、人类的希望与高昂的代价是联系在一起的。革命牺牲了那么多活生生的生命，他们是为了大众的理想去奋斗，无论如何，这是人性中至高尚、至伟大的东西。我想表达！有些人认为我这是表达国共之间的斗争，好像艺术被政治化了。但是我觉得这些共产党革命人士是那么纯粹、无私、高尚、坚毅，如果没有艺术家去表达，他们的精神就被埋没了。这是我们民族最宝贵的精神，中华民族正是凭了这种浩然正气，永不止息地前进。"

崇高的红岩精神，就这样自然而然地影响了江碧波的艺术创作。她的版画、雕塑、国画等诸多艺术作品中不仅选择了这一历史主题，更在艺术风格上表现出了雄浑强健、刚毅不屈的气魄；她的艺术不局限于表现过去的时代，而是在讴歌她发自内心认可的精神财富。

1949年“11·27大屠杀”后，重庆终于解放了，当时全城都沉浸在一片欢欣鼓舞中，江碧波看到街上的人们都欢呼雀跃，家里人也都喜气洋洋。好多人从不同的方向走到街上去唱“解放区好地方”，载歌载舞，欢庆期盼已久的光明。人们一扫之前的阴霾之气，充满笑意的脸上仿佛洒满了阳光。

幼小的江碧波深深地被这种时代精神感染。那些延安来的歌曲、舞蹈，在她心灵中都留下了难以磨灭的痕迹。江碧波说：“所以我画《上下五千年》中的延安大生产运动，就让我回想到了那时候，不自觉地就唱起了像《兄妹开荒》这些朝气蓬勃的歌，‘雄鸡雄鸡高呀么高声叫……身强力壮的小伙子怎么能躺在热炕上做呀懒虫……’”从那个旧时代走过来的江碧波，对于新时代充满了自足、乐观的真实感情，这也是让她能够在后来的从艺之路中，无论经历多少坎坷，始终能看到光明并勤劳奉献的力量源泉。

第二章 追寻艺术的芬芳

一束光吸引了我懵懂的眼眸
依稀的光晕让我伸出了小手
在梦的隧道里我听到了内心的回响
分不清那是童年的欢笑
还是对未来的绸缪

□1. 川美第一届

重庆解放以后，解放军部队把从延安过来的文艺团重新组合，在重庆建立起西南人民艺术学院。部队选中了当时西南师范学院（现西南大学）的所在地九龙坡区黄桷坪校区，在1950年初就开始安排西南师范学院从那里搬到北碚去，把原来的地方让给筹建中的西南人民艺术学院。这个学院建立之初，除了从延安来的西北军政大学艺术学院的教师们和文艺团的艺术工作者们，学校在重庆本地还招募了老师，并完善了教学体系，成立了戏剧系、音乐系、美术系。江敉因为一直以来是重庆本地的进步画家，于是被解放军邀请作为西南人民艺术学院美术系的教员，开始了他的执教生涯。

1951 年，江枚在西南人民艺术学院美术系任教后，江碧波有幸作为进步人士子女，跨进了由西南军政委员会接办的西南局干部子弟学校、重庆官办中学第一学府——“巴蜀中学”的大门。巴蜀中学位于渝中区枇杷山观音岩地区，而江枚一家当时住在九龙坡区黄桷坪。从家到学校路途遥远，江碧波就开始在巴蜀中学住读。她一个礼拜回一趟家，每次都是沿着长江走半天的路程才能到家，星期六下午从学校走回去，星期天又从家走回学校。长江边上的纤夫、轮船、木船、趸船和汽笛是她童年最熟悉的事物。重庆那个时候都是山上的城，有的城门还在，有的城门垮了，江边很少有房子，回家的孩子们就在江边的沙滩、乱石滩上行走。江碧波就试着把自己的所见画成素描，街上的人、老重庆的梯坎和川东山地的吊脚楼都是她绘画最初的素材。

初中时期，江碧波的理工科成绩特别优异，在选择专业方向时，父亲和老师都希望她选择理科，将来能做一名科学家。在江枚的心里，他虽然自己十分热爱艺术，但却非常推崇科学事业，认为科学家是新中国急需的人才，能够为国家民族作出更大的贡献。但小小江碧波已经萌生了自己的想法。“小的时候，我看到母亲为了支持父亲画画，常常单独盛好饭菜给父亲端到画桌上去吃，所以我从那时开始，就觉得父亲的艺术是非常神圣的事情。”还有一次，她到西南人民艺术学院雕塑教室去参观，欣喜地发现了一个神奇的雕塑世界。这位戴着红领巾的小女孩睁大了眼睛欣赏着这一切，此情此景，给当时正在那里学习的我国著名雕塑家赵树同留下了深刻的印象。

江碧波自小就受到父亲的影响，很早就能接触到美术专业领域，早已经深深爱上了绘画，并立志从事和父亲一样的

事业。所以，倔强的江碧波并没有赞同父亲的提议，而是告诉父亲，她爱上了画画，要专攻美术。父亲一直以来都把江碧波当男孩子一样养，从来不限制她的发展，听了女儿的话，父亲决定支持女儿的选择。

1953 年，全国高校院系开始调整，西南人民艺术学院美术系和成都艺术专科学校绘画科、实用美术科合并，成立了西南美术专科学校（四川美术学院的前身），后来又成立了西南美术专科学校附属中学。1954 年，江碧波从巴蜀中学初中毕业后，考入了西南美术专科学校附中，成为四川美院附中的第一批学生。

在四川美院附中学习的时期是她全面深化绘画艺术基础、师法自然、领略绘画的各种手法的重要阶段。当时课程除了素描色彩的基础课，还有国画、雕塑等课程，每一门课程都不同程度地激发了江碧波的创作冲动和创作想象力，她开始理解色彩的魅力、色彩的转换、色彩与黑白的关系，将色与光的表现同黑与白的表现并列为创作手法的姊妹篇。每当黑白作画累了的时候，她就作一段时间的色彩画，让自己荡漾在色彩的光波之中，当色彩画画得较多时，又回过来创作具有高度概括性和对比性的黑白版画。江碧波在“国油版雕”四个专业中首先选择版画专业也是因为很多同学不了解版画的玄妙和艺术深层的潜质及可能拓展的广阔天地，还被有的人误解为仅仅是快速可印制的简单形式，江碧波想通过深入研究、创作证明版画拓展的无限性。

四川美院附中的学习生活十分丰富，除了艺术专业学习外，学校还增设了音乐、舞蹈等艺术社团。热爱舞蹈的江碧波参加了学校的音乐舞蹈宣传队，积极参加各种文艺表演，成为学校宣传部文工团团长。在这里，她对于人体的结构语言和节奏律动有了直接的认识，这对她的美术专业有很大帮助。和那时候的其他学校一样，四川美院附中还定期要求学生参加学工学农活动，让青年学生了解工人农民的基层生活，了解社会不同的层面，接触各方面的人。三人行，必有我师，工人农民大生产的热烈场面不仅让江碧波懂得了热爱劳动、勤恳工作，也给她的美术创作积累了充分的素材。

1958 年，江碧波又考入西南美术专科学校，并赶上了 1959 年学校更名为四川美术学院，她成为川美绘画系的第一批学生。当时国画、油画、版画、雕塑专业都只有三个学生，江敉则作为版画主课老师亲自给江碧波授课。在这一时期，她开始系统地进行美术研究，广泛涉猎版画、雕塑、国画、西画等领域，如愿以偿地开始了她的艺术生涯。

□2. 版画界的小荷尖尖角

江碧波最初的艺术审美经验就是黑白木刻版画。那时，她虽然说不清为什么会产生如此深刻的感觉，但她的确曾抱着一幅小小的黑白木刻插图反复玩味，为那极其单纯的画面感动得泪眼婆娑。

那时，江碧波常阅读鲁迅的文学作品。鲁迅先生有句至理名言："有精力弥满的作家和观者，才会生出'力'的艺术来。"这句话荡漾在江碧波的心间，她领悟着文字中的艺术道理。黑白对比的强力，思想与情感所迸发出来的力，也包含了执铁笔在版上作画的力。那时的她，有着对版画艺术的理解，并在学习期间的艺术实践中逐渐加深、充实、成熟。

在黑白木刻技法上，江碧波的父亲鼓励创作上凸显个性

江碧波在四川美术学院时期留影

化的发展。江浙地区的桃花坞木刻年画和古典戏曲小说出版物中的黑白木刻插画自明清以来日臻发展成熟，已经积累了具有中国特色的丰富技巧，形成了不同的艺术流派。江枚对我国江南一带的传统木刻版画艺术有着很深的研究。江枚支持女儿广泛吸取这民间艺术的精髓，在刀痕、笔触、色块中体验这来自传统的艺术生命。

江碧波在反复的练习中结合创作的实践经验，体会如何从第一笔、第一刀开始，顺应着心灵的引渠，以刀作笔，展开敏感的触觉，表达画面的丰富情绪。寒冬，她冻僵的手握着冰冷的刀执着练习；酷暑，她额角的汗水浸润了一块块木板。这样的艰辛和寂寞，只有对木刻版画充满了创作热情，才能耐得住并习以为常。付出才有回报，江碧波从对黑白木刻版画的最初情感上升到运刀如笔的境界，终于创作出真正属于她自己的作品。

江碧波的艺术才华和扎实功底迎来了时代给予她的展示机会。1960 年，中国历史博物馆和中国革命博物馆向全国征集长征题材的美术作品，重庆美协与四川美术学院各自分到了两幅创作任务，四川美术学院负责创作与金沙江、泸定桥相关的题材。

为了完成创作任务，正读大二的江碧波与两名同学在时任版画专业负责人江枚的带领下，踏上了当年红军走过的道路。他们在金沙江畔和泸定桥头写生，收集素材，访问当地的老船工，还亲自到地方部队体验生活。为了真实地再现当年红军渡金沙江的惊险场面，他们还冒险乘小木船过金沙江。渡江的过程中，江敉父女遇上了险情。一个年轻的船工负责掌舵，但由于他缺乏经验，并没有看出水流的方向，眼看着船朝着礁石险滩冲撞过去，紧急关头，老船工及时发现，凭着丰富的经验顺着漩涡力挽狂澜，化险为夷。这次刺激的历险经历，引发了江碧波对于人生事业和创作问题的多层次思考。

回到学校后，江碧波花了近半年时间，于 1961 年创作出套色木刻版画《飞夺泸定桥》。该作品融入了江碧波自小就有的英雄情结，形象地表现了那个历史瞬间英雄人物舍生取义的精神，充满了震撼人心的力量。这幅作品的艺术感染力征服了父亲和北京的专家，作品送到首都后，一炮打响。有

江碧波版画作品《飞夺泸定桥》

专家认为：最适合的就是最有魅力的艺术，江碧波以最适合的艺术形式和表现手法完成了这一作品。这幅作品最终被中国革命博物馆（后并入中国国家博物馆）收藏，后来，还成为小学语文课本中《飞夺泸定桥》这篇课文的插图，给20世纪七八十年代出生的孩子们留下了深刻的印象，成为他们革命英雄主义教育的启蒙。

年轻的江碧波"小荷才露尖尖角"，便得到了极高的认可，使得她对自己的艺术之路充满了信心。另一位同学袁吉中的《巧渡金沙江》也被中国革命博物馆收藏。"虽然没有一分钱，甚至连收藏证书都没有，但我们还是很高兴，增加了自信心。因为学校领导在大会小会上都表扬我们，说我们为美院争了光。"

大学毕业后，中国革命博物馆联络到四川美术学院，表示要把即将毕业的江碧波调去北京工作，这是江碧波这个巴蜀画家第一次收到首都的召唤。但家乡的归属感让她最终决定留在重庆，继承父业。毕业后，她接受分配，到四川美术学院附属中学做一名美术教师。"是四川美术学院培养了我，我从小就在这里长大，人在哪里发展不一样嘛，这里就是我的家。"

□3．大山大川，悟道自然

重庆是山城，近郊就环绕着南山、歌乐山、缙云山。中学时期，江碧波就经常和同学一起去爬山，这里的山间小路、别成一格的岩石上都留下了她攀登的足迹。重庆又是一座江城，嘉临江和长江两江汇合，浩浩长河、激流碰撞、美不胜收。

“我选择艺术，是源于对大自然的美对我的召唤。从小，来自大自然的美就给我很深的震撼，我希望能用一种方式形象地表达我对美的体会，那就是艺术。”

用艺术响应自然的召唤，江碧波有幸从青年时期开始就在这条路上一直前行。从她进入西南美术专科学校附属中学学习绘画开始，直到她到母校任教的那些岁月，为了进行创作，同时培育英才，她进行了大量的野外采风写生。一开始，她是作为学生跟着老师出去写生；后来，她又作为老师带着学生出去写生。她多次深入中国西南名山大川，不仅领略了西南自然造就的奇峰异石、清泉浩川，还在自然中寻找自我，悟道其中。

自然的天地让江碧波逐渐释放了人类的天性。每当她登上那些险峭的山峰，拨开那些未经开发的荆棘，嗅到泥土中古朴的芬芳，越过那些古老荒芜的城垣，她便为大自然的赐予所感动。这跋涉山川的行走让江碧波升华了对于祖国名山大川的依恋之情，在她温和顺从的女性心灵中注入了追求新鲜、敢于开拓的兴奋剂，用她自己的话说，即大自然的野性。比起同龄的姑娘们，她更希求在不断的自讨苦吃中感受独辟蹊径的自由与狂放，感受苦尽甘来的放肆与快活；她不接受约束、循规蹈矩和安分守己。“生命中充满着冒险，如果你不满足于常规陈套，直追险境是一个开拓者的必由之路，对于一个艺术家来说则是未来开辟一个新的境界。”这些在自然中的冒险体验，都使得她在艺术中有着超越常人的大胆奔放，对她成名后仍然不断开辟新的创作领域，成为一名多产艺术家产生了重大影响。

在这天地的造化中，江碧波逐渐升华了她心灵中的气魄和力量。那山洪咬啃过的磐石、河岸，那自然巨变雕凿的深

渊、峰巅，那亘古永恒的苍茫大地……诸多的有形和无形，诸多的巨变和沧桑，都蕴含着生命的力度和震撼。这种力度和震撼已经完全融入她的心灵。人们说，眼睛是心灵的窗户。朋友们与她交谈，谈到激情迸发之处，她温柔的脸部轮廓会突然凝固，眼神中迸发出让人倒退三尺的凛冽之气。这一点，给很多她身边的人留下了深刻的印象。她的人格中同时糅合了女性的温顺和比男性还男性的强悍，这来自于山川造化，成为她艺术中那巨大张力的源泉。

这充满生机的自然，更激发了江碧波作为女性与大地母亲的情感共鸣。1965 年，江碧波生下了儿子叶洲，成为母亲对于她来说是开启了人生新的旅程，给她带来新的生命体验。作为母亲，她体会到了大地母亲蕴藏的巨大承受力，这种力量就好似母性的坚毅，在痛苦中迸发出大美。女人天生就对美和痛苦敏感，作为母亲，她更理解到"生活并不容易，需要用更多的力量来平衡抚慰心灵，帮助我们正视坎坷，内心的痛苦和软弱需要阳刚之美来支持"。在大地母亲上行走的经历给了她强大的精神支撑。同时，她认为西南地区又是一个非常滋润女人的地方，这里的山川人物充满了各种各样的阴柔美。这样的自然和人文背景赋予她温情，使得她在创作中有时又流露出母性温柔婉转的情感，让她的作品有了更丰富的生命层次。

长期沐浴自然山川之气，江碧波滤去了人间的浮华功利，养成了洒脱的个性。人在自然的永恒中显得那么渺小和微不足道，什么都带不来也什么都带不去。她不喜欢进城，不喜欢城市的拥挤和浮躁，只是按照自己内心的目标在走，好似闭关修炼一般在冥想中创作。"在实现的过程中我没有所谓的成就感，实现也不是得到了什么，你永远得不到什么。

我所创造的我拥有不了，这世界上的一切都是拿不走的。”江碧波真正悟到了这些，所以才能安于平淡，朴素无华。年老时，她在画室里一个冬天几乎都穿着黑色的及脚踝羽绒服。她多年的朋友甚至开玩笑说：“我今天看到她穿这个，明天还看到她穿这个，有的时候我都觉得这个女人平时那么美丽，但一画起画来，就有点不讲究。”江碧波对此“评语”哈哈大笑。但她曾经在画室里一边唱歌一边绘画时说的一段话或许对此有着最好的解释：“我不追求那些外在的物质上的奢华享受，因为我有着更高的精神享受。生活就是工作，工作本身快乐，我在艺术创作中的快乐又有多少人能体验到呢？”这似乎就是她功成名就以后在外人看来不懂享受，还是选择继续“吃苦”的缘由。

“人，只有把自己与大自然视为一体时，在那超然无为的境界中方能发挥其更大的潜力和创作性。以空灵应充实，以不变应万变，以无为应无不为，如此乐也在其中了。”江碧波对大地、自然、宇宙和人类原始美的讴歌自此一发不可收拾。

第三章　在伤痕处开出鲜花

嶙峋的岩缝里住着一粒种子
风雨交加的夜晚
催醒了它的苞芽
用尽全部的力气呼吸沙砾中的空气
只为了舒展嫩绿的叶
和那崖壁上迎风的花

1. 品位女性的三种角色

20 世纪 60 年代初，江碧波和四川美术学院雕塑系的才子叶毓山组建了家庭。婚后，两人分别在重庆和北京长时间学习，直到 1965 年，他们的第一个孩子叶洲才出生。江碧波转换身份，感受到了身为父母的女儿之外，又作为人妻、人母的另外两个角色。本来一心扑在艺术事业上的江碧波，转身一心扑在了家庭上，尽职尽责地担负起了女人必尽的职责。

那时，“文化大革命”刚开始。1967 年，重庆开始了严重的武斗。当时武斗最厉害的地方就是沙坪坝区，沙坪坝聚集了众多高校和厂区，由学生和工人组成的红卫兵分成“保皇派"和"反到底"两派，互相攻击。他们都自称为革命路线，都是保卫毛主席、保卫司令部的，但两派之间都认为对方的阵线混入了反动坏分子。这种斗争的态势蔓延到九龙坡区的四川美术学院，学生们很快罢课加入武斗，越来越多的老师赋闲在家。

江碧波身为学校教师，也感到无法正常进行教学活动。同时，江碧波刚生了长子叶洲、女儿叶萍，为了两个孩子的安全，她和丈夫叶毓山商量后，做好了离开四川美院躲避武斗的打算。

一件突如其来的事情，促成了他们的计划。两派学生司令部都要做毛主席塑像。叶毓山因为在文革前参与主创了北京的毛主席雕像而成为全国知名的红色雕塑家，而且因为叶毓山出身好，是老师群体中"又红又专"的人才，于是成为了两派学生司令部争抢的对象。重庆大学的学生率先找到了他，派人来到四川美术学院，把叶毓山一家悄悄地接到重庆大学。

于是，江碧波带两个月大的女儿和两岁的儿子，也随叶毓山去了重庆大学，住在一个专家楼里面。在那里，她过着带孩子、做家务的生活，做起了全职主妇，叶毓山就负责为重庆大学做雕像。

等到毛主席像做好了，武斗的形势却愈演愈烈，江碧波就和叶毓山离开重庆，带着叶洲、叶萍两个孩子到四川德阳老家乡下去生活。没有过多长时间，他们就接到学校通知，要求老师们回校。为了安全起见，他们就把两个孩子留在乡下寄养了一段时间。

回到学校，江碧波得知，父亲已经被打成了"反革命"。江攸因为曾经在青木关国民政府教育部担任过小职员，就被

怀疑为国民党的特务。江敉曾经还创作过一副版画《非洲兄弟读毛主席著作》，画的是非洲黑人烧着篝火，在篝火火光下读毛主席著作，这就被人解释为江敉想烧掉毛主席的书。他于是背上了政治黑锅和各种各样的罪名，变成了"反革命"。

这个时候，江碧波虽然感受到了人生的荒诞，却也在危难时承担起了女儿的责任，照顾、宽慰父亲。期初，批斗就像一种仪式，完成了仪式，并不影响吃饭、睡觉等正常生活。父亲那时戴着高帽子，和其他"反革命"一起被拉到四川美术学院的大礼堂舞台上批斗，江碧波那时还没有成为"黑五类"，就坐在台下看着。那时白天批斗，晚上回家她还常到父母家去一起吃饭，陪父亲一起说说心里话，帮助父亲渡过人生的难关。

批斗的过程中，还发生过一件很"喜剧"的事情。那时，江碧波的儿子叶洲已经从乡下回到四川美院，在学校家属幼儿园上学。他放学回家，路过大礼堂，推开门看到正在批斗的场景——哟，怎么外公还在上面戴着高帽子？三岁的小男孩就懵懵懂懂地走上台去，走到外公的身边，拉着外公的手说："外公我们回家。"惹得台下的人们哄堂大笑。

后来，斗争形势越来越严峻，江敉被监管起来，遭受更为严厉的批斗。他被下放到田间劳改，通过在田里摘稗子来改造思想，他甚至还被派去当纤夫拉船，还被派去挑粪，什么样的劳动都做过。

在江敉经历人生低谷的时候，江碧波作为他的女儿也开始面临各种压力。造反派要求她和父亲划清界限，但是她始终觉得为人子女不能这么做。面对巨大的外来压力和内心的煎熬，她义无反顾地选择陪伴在父亲身边，做父亲的精神后盾。在农场的劳动之余，她常常偷偷地去看望父亲，给父亲送去各种各样的食品——这一行为后来被人向军代表“告发”，说她是“反革命身边的老虎”，并成为她后来被划为“黑五类”的罪证。但江碧波认为，她只是做了女儿该做的，也想都没有想过后悔两个字。女儿给予的温暖，让江敉没有走向绝望，他终于挺了过来。

□2．“下乡”不是单一色调

1970 年，江碧波从四川美术学院附中调到了四川美院绘画系。由于她不肯和父亲划清界限，连自己也成为了改造的对象。在 1970 年至 1972 年的三年时间中，她看到了自己心灵的多个侧面，如同画板上丰富变幻的色块。

江碧波先是被下放到邱少云烈士的故乡铜梁，一个盛产四川广柑的地方。她在那里的主要任务是种田和种广柑树。为了种广柑树，首先就要在石头上凿出一个一米见方的坑，重庆话俗称“打凼凼”。广柑树苗就种在里面，他们再把土填回去。虽然她干着重体力活，但由于那个时候铜梁是整个四川美术学院的“牛鬼蛇神”们的集中改造基地，大家都在“打凼凼”，连川美当时的校长也在其中。老师们都在这里改造，老同事们天天见面，和学校一样。所以，作为一般骨干教师的江碧波没有觉得自己遭受到特别的苛待，没有觉得自己经历了与众不同的悲惨。她的心情一直比较平和，有的时候还自己找乐子，她把“打凼凼”的锤子、凿子想象成雕塑的锤子、凿子使唤。在那日复一日、此起彼伏的“叮叮当当”声中，江碧波以一颗随遇而安的心，抚平了内心的忧虑，岁月不仅没有打倒她，还磨砺了她的心志——即使在最困难、最艰苦的

时候，也不要放弃自己，不要想不开，平静等待、坚持下去，困难终究会过去的。

这段时间，江碧波作画的权利和资格也被剥夺了，但有时也会有当地的农民找她给过世的老人画画像，因此她偶尔也可以拿起画笔，她在心里安慰自己：我还是一个有用的人啊！

江碧波改造的地方还有一块水稻田，水里蚂蝗极其多，当地人都称这个地方为“蚂蝗湾”。每当劳动改造的队伍行进到那里，四川美术学院这些艺术家和知识分子们大多都不敢下去，不少人吓得脸色惨白。每当这个时候，造反派就会走出来指着蚂蝗说：“这就是帝国主义，看你们敢不敢和帝国主义做斗争！”大家就只有乖乖地下去。其实在江碧波看来，下到这样的水田里劳动也不是什么不得了的事情，她观察到，当地的农民们早已习惯了在这样的田里面劳动生产，他们都能够淡然处之，于是她心想，“他们能做到的，我也能做到”，也就渐渐地克服了心里的恐惧，很快适应了“蚂蝗湾”的田间劳动。在这里，她学会了插秧、收割，体验了山里农民面朝黄土背朝天的劳动是多么不易。同时，作为一个艺术家，她在这里切身感受到自然对人类的馈赠，大地是那么伟大，劳动充满了自然的勃勃生气。

随着形势的发展，负责管理江碧波等知识分子的造反派小青年们也要去当知青了。慢慢地，这个劳动改造就没有刚开始的时候要求那么严格了。江碧波在农村，通过信件得知弟弟妹妹们也都参加了知识青年上山下乡的活动，她的母亲则自己在家中独守，江碧波非常思念母亲和孩子。因为组织的安排，她能和父亲江敉在一个农场一起改造，还常常能和父亲在一起，她感到庆幸，甚至自我安慰，如果在此时能够照顾一下老先生，也很好。

另外，江碧波因为在农村劳动无暇顾及自己的两个孩子，兄妹俩交给了德阳柏隆乡下的祖母照顾，她很少有机会请假去看看孩子。有一次，她获准请假，便飞快地向乡下赶去，她在乡间小路上步行30多里，庄稼、田野的芬芳伴随着即将拥抱孩子的心，浓浓的归属感让作为母亲的江碧波感到欣慰。

下乡时期江碧波和儿子叶洲在一起

因为以上方方面面的原因，江碧波虽然经历了异样的辛苦，但是她总是去看事物好的一面，并保持乐观、平和的心情。这既在精神上支撑了自己，也支撑了压力巨大的父亲。

1973年，形势好转，江碧波又回到了四川美术学院，担任绘画系副主任。那个时候，教学工作还没有完全恢复，她便借此空档到四川各个县去写生。她还走进四川绵竹地区研究当地的农民年画。她亲自到那些农民的手工作坊去搜集素材，研究民间年画的色彩、线条和吉祥寓意。在那段写生的日子里，她在路上都不肯停歇，她坐在绿皮火车里，描摹窗外的景色，常常一个月就能画满一本速写。在这样狂热的艺术旅程中，江碧波把三年下乡生活中落下的“功课”都补上了。通过这些努力，她丰富了自己的版画意蕴，从一个学院派的版画的熟练手转变成融合中西方版画和民间版画艺术特点的中国版画家。

3. 与父亲的一次谈话

1976年,"文革"结束了,江碧波的父亲江敉是最后一批被平反的知识分子。父亲平反以后,江碧波也不再是"黑五类""狗崽子"了。精神上的压力没有了,她仿佛沐浴了一场山城的温泉,涤尽了沉沉阴霾,她怀着喜悦的心情,重新收拾自己的生活。

回忆"文革",江碧波觉得,在那些人的心灵被异化的日子里,还是有最基本的良知和真善美存在的,人性的光辉让悲惨的世界变得美好。爱是人性中最美的花,这份体悟来自于江碧波和父亲江敉的一次谈话。

江敉是一个有骨气、接受不了侮辱的传统知识分子。他曾经扛枪保卫上海、做进步漫画展、参加进步运动,但在"文革"期间却备受折磨。他有过的美好信仰和人格追求却被人嗤之以鼻,世界黑白颠倒。他所遭受的精神上的侮辱和肉体上的摧残,刻骨铭心。他始终不肯认罪,也无法认罪,因此,那十年间,江敉持续遭受折磨,直到"文革"最后一年才被平反。这一切让江碧波深深感受到父亲的铮铮傲骨和人格力量。

父亲的人格力量,还表现在他宽怀的心。虽然经历了十年波折,然而这样残酷的土壤,却并没有结出恨的果实。

曾经有一个整江敉整得非常狠的学生,时常把他拉来坐班房、当纤夫、拳打脚踢,甚至污蔑他是国民党的特务。但时过境迁,"文革"结束后,当江敉听说那个人的妻子得了癌症,那个人因为爱他的妻子而无比痛苦后,他对女儿说:"我对他产生了同情心。”这又让江碧波感受到了父亲从未改变的品质——真诚善良、宽怀磊落。他的心还是柔软的，没有因为世界对他的折磨变得冷酷僵硬，没有因为历经沧桑变得麻木不仁。在江敉身上，散发出人性中永不泯灭的爱和善良的光辉，就像巴蜀山崖上的崖柏，在冷酷坚硬的岩石上，顽强地长出生命之绿。

在父亲的影响下，江碧波回忆过去，也能够用一种宽怀之心看待自己在“文革”中的经历：“这或许是我们民族必经的过程，虽然我的艺术理想耽误了，但是我并没有什么飞黄腾达的抱负。我尽最大的努力对待生活，生活本身也教会我很多。”

那时候，江碧波住在单位分的集体宿舍里，两间平房，公用厕所，省吃俭用，家务巨细都是她做。江碧波和其他劳动妇女一样，常常端一个大盆坐在门口洗全家人的衣服。山城的太阳少，每当太阳好时，她也会欢喜地坐在阳光下亲手给孩子、丈夫一针一线地织毛衣。山城和煦的阳光笼罩着她温柔、灵气的脸庞，她爽朗的笑声给邻居们留下了深刻的印象。在这里，她不是一个符号化的“女强人”，她是一个朴实简单的“家里那口子”，是丈夫口中的“洗衣机”。除了劳动改造的时候，只要江碧波回到自己的家里，她都会动手“改造”家里的角落，让家中更添几分趣致。她会亲自用石膏砌起家里的旧铁锅，把灶台整理得漂漂亮亮，还会在周围涂上色彩，把它打扮得像美丽的花瓶。有一次邻居开玩笑说：“江碧波家的饭做得不是最好吃的，但她家的灶台却是最漂亮的。”这样的评价把她逗得哈哈大笑。

江碧波还是一个十分爱种花花草草的女人。在家里，她利用平房外面不大的院子空地，种上了各种各样的植物。郁

郁葱葱的环境给简朴的家居增添了色彩。她家的院子成为令邻里赏心悦目的一处风景。

江碧波还是一个十分爱孩子的母亲。她亲自动手,在院子里为孩子们砌了一个一平方米左右的水池。每到夏天,邻居的孩子们都聚在江碧波院子里的水池里纳凉。儿童的欢笑声不绝于耳,给她的生活增添了更多简单的快乐。

慢慢地,儿子、女儿长大到了会“打酱油”的年龄,成为她家庭生活中得力的小帮手。有时候,儿子叶洲会问她:“妈妈,今天早晨吃什么?买三分钱的饼还是买两分钱的?”她告诉孩子:“今天是星期天,买三分钱的吧。”结果孩子回家还是买了两分钱的。孩子的乖巧懂事让身为母亲的江碧波感到宽心、甜蜜。艰苦生活中的美和爱总是闪耀着温馨的光芒,照亮了江碧波历经磨难的心灵。每当回忆往事,她脸上都会泛出不一样的神采:“那段时间我感到很快乐。”

是的,对待艺术和生活,江碧波都是一样的,面对生活中的坎坷,她依然能保持真诚、热烈、执着、乐观的态度。和她的父亲一样,她并没有因为十年波折而让自己的心灵扭曲异化,她依然用她那颗敏感、好奇、天真的艺术心灵,在艰难平凡的生活中发现美、创造美、感受美。“文革”十年,是她支持丈夫、带孩子、照顾父母的辛苦的十年,是一个女人一生中默默奉献的阶段,在她自己看来,这甚至是她人生中最拼搏的一个阶段;但生活本身却滋养了她,磨砺了她,使她沉淀,催她迸发。

第四章　点亮生命之光

春日的芳蕊
尽情舒展她
婀娜的姿态
让永恒的美好
与飞逝的光阴同在

□1．四十不惑

“文革”结束以后不久，江碧波作为四川美术学院的绘画系副主任和授课教师，又回到了自己的工作岗位上。时光荏苒，蓦然回首，江碧波发现还有两年，她就要满四十岁了。一种强烈的紧迫感刺激着她本来淡然的人生态度，她感到时不我待，开始抱着极大的热诚，抓紧时间去实现自己的人生价值。

一方面，随着学校课程的正常开展，她终于重新开始从事自己始终热爱的艺术教育工作。1977 年恢复高考后，四川美术学院又招了一批大学生，这批 77 级学生里面就有著名油画家罗中立和高晓华。那时，江碧波作为绘画系副主任，

重点教授版画专业。在江碧波的版画课上，她强调打好绘画的基础，同时追求专业上的个性；她不仅认认真真、全力以赴地教他们专业课，更用自己对艺术的执着热爱、对艺术真诚单纯的态度影响着她的学生，熏陶着她的学生。她还亲自去北京组织四川美术学院油画和版画专业的学生在中国美术馆举办了第一次展览，这次展览对四川美术学院77、78级学生，对四川美术学院的声誉都产生了深远的影响。

除了教学外，她的艺术创作并没有荒废，不仅没有荒废，还更加别开生面，焕发新生！她拿起画笔，走进画室、出去写生，以迫不及待的心情投入到了自己的创作和对艺术的思考中。

她开始审视自己，思考自己艺术创作的归宿。她意识到，经过"文革"十年，现在的她已经不再年轻。古人说"四十而不惑"，面对即将来临的不惑之年，她的艺术之路究竟该何去何从？江碧波的内心涌动着沉积的热血，创作的激情在她的血管里跳动，生命的能量如四姑娘山上的千古冰封，在艳阳的照耀下将化为滔滔之水，势倾大地，喷薄而下。她开始白天黑夜地思考和寻觅艺术未来的走向。

"野马不知何处是它的驿站，但整个荒原都可以有它的足迹，在不断的寻觅中选择自己的归宿。艺术家在寻觅中的作画行为正是作品的价值所在，只有寻觅才有所创建……"她一边行走，一边思考，一边创作；她思考了许多，创作了许多，在澄观内省中，慢慢找到了自我。

她要表达源远流长的文化，表达深刻的哲学思想，表达人与自然天衣无缝的结合；她要表达中华民族为有意义的生活而求索，为希望向生活挑战；她要表达生活中处处的喜悦和处处的险难，要表达生活真实的美和爱；她要用艺术的神圣去超度人性的丑恶，去洗刷武力、权势、金钱的能量。她由衷地感到，对于一位真正的艺术家，创作出震撼人们灵魂的作品正是为了开辟出世间新的境界。孩提时代的野性激发了她，江碧波决定在艺术的大地上无拘无束，自由自在，以自己的姿态走下去，在没有路的地方开辟路。

就这样，江碧波选择了不畏艰难的艺术求索之路，她的作品在艰难的孕育中，在正负电子的撞击中成熟分娩了。

□2．面壁石窟的艺术修行

1979年9月，江碧波作为带队老师，兴致勃勃地带着77、78级的学生远赴西北地区写生。她选择了从重庆出发到敦煌莫高窟的路线。在敦煌鸣沙的包围中，江碧波领略了皓月下千年石窟的风采。她一边感受着另一个世界的沉寂与荒漠，一边被这远离我们而去的人类之路所深深打动。

心动不如行动，待学生们的参观写生课程完毕后，她就安排学生们随另外一队写生团队先行返校，自己则留下来，住在敦煌莫高窟，为这座丝绸之路上的艺术圣殿即兴作画。

1979年江碧波带学生在敦煌写生时留影

这次在敦煌的写生经历有一定机缘巧合的成分。20世纪60年代，叶毓山在中央美院读研究生的时候，认识了一位来自敦煌艺术研究会的雕塑家孙纪元。孙纪元的妻子蒋毅明对江碧波特别热情，她是敦煌莫高窟的一位解说员。这次江碧波来到敦煌采风，孙继元的妻子热情地为她打开并展示了很多石窟的风貌，其中包括一些非常罕见的石窟。

每天早上天刚蒙蒙亮，解说员朋友就给江碧波开洞，江碧波带着小板凳、油画棒和两个馒头进洞开始画。直到晚上，天黑得一点光线都看不到了，她才出洞。在洞里作画的时候，她有时候喝点水，有时候画到兴头上一天不喝水也觉得没有什么。

在那人迹罕至、黑黢黢的山洞里，人就像个睁眼瞎一样，别说是画画，就是看路都不太看得清。江碧波安静地面壁坐下，模模糊糊地感觉到墙上的画仿佛是某种颜色，然后她就用这种颜色的油画棒画。由于光线十分有限，人在里面辨别轮廓和颜色很难，所以她进去后要先适应一会儿，让自己的眼睛慢慢地感受那种昏暗的光线，墙上的画面颜色这才模模糊糊地渐入视野，呈现出一个朦胧的轮廓。有的时候，江碧波偶尔打开一下手电筒，仔细看一下，再通过自己的意识与壁画中的人物和景象交流对话，然后凭印象迅速地写生记录。黑暗中作画，不仅看不清纸上的颜色，就连油画棒都是凭着熟悉的感觉去挑选颜色。“我当时是边读、边记忆、边作画，在暗淡的微光中我的心好像长出了眼睛，虽然看不清墙面也看不清自己的画面，但是我心中的眼睛告诉我要放手大胆地去画。”

“当我面对敦煌壁画，我感受到了时空的距离，我要用我的想象，感受曾经有过的辉煌，所以我要用色彩，但是它又是过去的，斑驳的。我用了蜡笔、刀子、各种东西，我就是在纸上用蜡笔画，然后用刀子在纸上剐，在洞里也剐，出来后再用刀子修一修。”她每天在黑暗中作画，等太阳下山了，她到了洞窟外面一看，哦，原来画面是这么明艳、绚丽、和谐！给人喜出望外的惊喜！看到最终呈现出的美妙作品，她更相信心与佛光相通会给创作带来超然与豁达，会产生出意想不到的收获。她保持着这样美妙的体验，充满激情地连续创作了一个月。

一个月之中，她一天能够画两三张画，总计创作了几十张画。当敦煌开始进入寒冷的冬季，她才不得不收拾行李，结束了她一生中唯一的一次近距离描绘古老壁画的艺术旅程。

在回家的火车上，江碧波感觉到自己快要累瘫了。她不能吃也不能动，在颠簸的绿皮车上养了点力气才撑到回家。原来，由于她一直沉浸在高度的创作激情中，因此虽然身体已经麻痹但她却毫无感觉，等人的精神完全放松下来，疲惫的感觉才从每一根神经中爆发，让她动弹不得。虽然经历了这么极端的身体消耗，但在她看来，这件事情她必须抓紧去做。“敦煌不容易来一趟，这种近距离感受遥远历史的感觉十分难得，再不好好画以后就没有机会画了。这样的劳神伤骨是值得的。”

这批从敦煌宝库中带回的蜡笔画，色泽艳丽、古朴，充满了时空的沧桑感。画作采用的刀刻技法更给人很强的刀斧凿凿感，像石雕经历了风雪岁月的磨砺，作品给人文物一般的感觉。这些作品是在她挑战了令常人难以忍受的身体极限后诞生的，记录了她神思与作画行为同一的生命体验。不仅如此，这批画作是表现我国民族艺术的瑰宝，是当代人和创造我国灿烂文明的古人的一次心灵对话，江碧波因此一直

十分珍视这批画作。曾经有国外艺术收藏家想全套高价购买，但被江碧波拒绝了。二三十年过去了，她常常把这批画作拿出来与学生朋友一起回忆分享，不仅给她的很多学生们留下了艺术的教义，更从精神上感染了他们。

1988 年，江碧波在北京举办归国画展，其中的作品浸润了她在敦煌作画的经验，尤其是色彩的运用与敦煌壁画一脉相承。一直致力于敦煌艺术研究与保护的著名学者常书鸿先生参观后，为了表达对江碧波女士的鼓励之情，为她题写了观后寄语：

> 观江碧波女士在北京中国美术馆展览，她的作品充分展现了她深厚的基本功和艺术创作思想和技巧的成就。尤其是在版画、中国画、油画色彩等方面表达了她成熟的手法和能力。无拘无束的想象在个人艺术语言发挥中实现了自己独具一格的艺术风貌。同时从整体上表达了现代人类的生命意识和热爱自然、回归大自然的美好愿望。
>
> 祝贺她在艺术创作的道路上，日新月异，她将取得更大的成就。
>
> 常书鸿
>
> 一九九零年九月廿二日于北京

2005 年，江碧波为了更好地保存和展示这批敦煌印象画，决定将这组作品付梓出版。她的好友胡明蓉女士（重庆人，居台湾）侠义帮助，主动联系到了当时准备去重庆参加活动的中国台湾著名诗人余光中先生，促成了余光中先生到“碧波艺苑”与江碧波一会。余光中先生携夫人范我存女士参观了江碧波的艺术作品以后，好似心有灵犀般，对这批敦煌印象画十分感动。他十分愿意为此套作品的出版作诗，用文学语言和绘画语言的共鸣共同倾诉他们对中国传统艺术的赞美。回到台湾后不久，余光中先生就寄来了《敦煌壁画赞》诗歌六首。

2007年7月，这套画册由四川美术出版社出版，列为重庆大学艺术学院教师作品集系列之一。江碧波亲自将画册定名为《敦煌印象》，正合乎了她创作这批作品的独特经历。

□3．悲壮情怀来自崇高信仰

在江碧波柔美的外表下，一直有一颗英雄主义的心。

自小生长在歌乐山下的江碧波深受红岩精神的洗礼——那些纯粹的共产党人为了社会理想而牺牲个人生命的壮举无数次地感染了她幼小的心灵。于是，一腔豪情壮志、一种崇高情怀在她的心中油然而生。“每当我回忆父亲从‘11·27大屠杀’现场带回的那些照片，我都真切地感到，这些英雄的身上充满了高尚的情怀，充满了大公无私、勇于承担苦难的精神。我想表现这些伟大的精神力量，讴歌人类永恒的、最宝贵的牺牲精神。”

作为一个执着追求的艺术家，江碧波对于英雄主义更有着切身的体验。“在我看来真正的画家往往是苦行僧，他们为艺术受苦，为艺术牺牲自己的健康和幸福，为了养活自己的艺术，必须另外寻求一项工作，怀着善的愿望承受生活的煎熬，还因为对于丑恶的敏锐洞察，他们酿出来的甘露，绝非纯性的蜜糖。画家笔下的形象摒弃了单纯的漂亮，苦涩中滋

生的斑斓色彩，让人领略到更深的内在气度和力量。这些艺术家从不惋惜自己的牺牲和代价，他们是这个世界的另一路英雄，唯有艺术行动的愉快是他们最大的报赏。”

有着怎样深刻的心灵体验，便能创造出怎样真诚感人的艺术。江碧波对英雄精神的感同身受在如火般热烈的季节里迎来了展现的契机。

1981 年夏天，共青团重庆市委、重庆市教育局、重庆市文化局决定，通过全市少先队员积攒牙膏皮卖废品，集资修建表现红岩革命精神的《歌乐山烈士群雕》，使之成为以后青少年入队、入团宣誓的地方。同时，他们决定聘请当时已经全国知名的雕塑家叶毓山为创作设计人。叶毓山在盛情邀请之下接受了这个任务。但在 1981 年 11 月 27 日纪念日举行烈士墓群雕奠基仪式之前，在群雕作品初稿即将亮相时，叶毓山又因前往外地开会，没有时间留在重庆搞创作。在这种情况下，江碧波作为叶毓山的家人，暗中着急，心想不能让团市委失望，不能让烈士家属失望，江碧波的父亲当时在病榻上更是对江碧波认真谈道：“此任务没有钱也要做。”于是，江碧波接下了初稿的设计工作，很快进入了工作状态。

对于《歌乐山烈士群雕》泥塑初稿，江碧波最早的构思似乎是在梦幻状态中进行着。她在意识深处寻求一种形式结构，她想要传递和表达一种复杂的力量的变奏，为静止的形态注入生命，赋予凝固型体以高层次的审美指向和欣赏效应。比如在剧烈的震撼中不可摧毁和抵挡的爆发力，深沉的爱与恨的对抗的冲击力，凝练而又充满活力的强劲，变化丰富而又高度概括的整体……由于江碧波对于西南大山大川的感悟和崇尚，使得她能够在自然信息和自然奇观中找到某种意念的象征，将浑然天成的景观幻化为博大精深的艺术载体，将艺术作品本身和自然环境融为一体，共同形成一种天地浩然之气。结合着她对先烈事迹的熟悉和理解，她的艺术想象在断断续续中酝酿完善。

首先，她设置了一块30厘米高的泥团，在预想与审视中确立了雕塑必须是可供四面观看的一座庞然整体。它似陨石坠落，更似从地下喷涌而出的永不凝固的炽热岩浆，寓意为永不止息的生命活力与震撼山河的能量，它正好与自然力本身融为一体。

正面是主体部位，也是矛盾的焦点，是撕心裂肺的冲突、奋争的高峰。主体人物是正义、愤怒、无畏、强悍、力量的集中体现。他两手横向奋力拉开沉重的铁链，意在人字结构上加上一横，形成大字的交叉形式感，它大大加强了昂首凛然的人物形象，加强了突破险阻的艰巨感，势不可当的内在精神力量的迸发感、迅猛感。旁边被他用刚毅的手臂维护着的是一位抱着牺牲战友、燃起复仇的怒火、奋力往前冲刺的女友。加上挺身在前已经牺牲的这位女性，三人之间形成了生死与共、情意深重、视死如归的坚强组合，爱与恨在这里得到了最佳状态的交织与表现。这大面的形体结构似山壁岩石发生错动裂变，巨人脚下造型作穿洞处理，意在加强山岩对空间的割据占领，同时也增加了山岩的变幻与深邃感，更使该作品和观众间产生庞然的审美感应。殉难女性仰面垂下的秀发，江碧波以溶洞中下垂的钟乳石的变体来处理，设想观众站在这倒悬的熔岩之下，可能产生的压抑、崇仰的心境，正好与阴郁、仇恨和壮美的情感抒发相呼应。

左侧，紧挨着正面主体人物的是又一个粗壮前倾的身躯，两条惊叹号似的倾斜直线，构成有力地压倒一切的趋势。英雄接踵而至，抒发着前仆后继、无坚不摧的精神意志。这

里，江碧波的灵感来源于年轻的牺牲者陈然、王朴烈士的故事。她为了创作这一形象，专门阅读了大量红岩回忆录，作为她创作的素材。

右侧，江碧波借用了我国摩崖造像手法：两位女子头部靠拢似石窟的穹顶，庇护着下面的孩子——小萝卜头。小萝卜头是在牢狱里牺牲的革命斗士的孩子。他曾经在牢房捕获一只误入的蝴蝶，藏在火柴盒里，一起坐牢的母亲看见了，温和地说服小萝卜头还给蝴蝶自由。这件真人真事在重庆广为流传，是每一个青少年儿童熟悉的人物。江碧波借鉴了这个感人的故事元素，艺术化地表现了这一场景。女狱中充满温馨的气氛，大家享受着人间的爱，向往着狱外的自由天空。年轻女子和小萝卜头喜悦地与一只飞进牢房的小鸟逗趣，谱出一曲优美的和声。此刻，人性的善让人们感到生命是多么值得留恋，但他们随时会为了理想付出宝贵的生命。也正是因为如此，才更令人感到可歌可泣。在创作中，江碧波被他们感动，带着这种真情实感，她创作着这感染观众的作品。

由左右两面向后围合，这一面以建立兴盛的新中国理想为题。一位下蹲的青年女子，手抚红旗，紧贴脸颊。这借鉴的是又一个歌乐山烈士的真实故事——女狱中绣红旗。在“11·27 大屠杀”之前，黑暗的日子即将破晓的时候，女狱中的人们得知了 10 月 1 日新中国成立了，通过暗中传递的报纸，他们得知国旗是五星红旗。她们拆下了床单、剪裁了自己的衣服，绣成了想象中的五星红旗。她们感到艰难的等待终于盼来了这一天，自己的信念和理想得以实现，对手中的红旗倾注了万般情怀。江碧波把真实故事中的几位女子浓缩成一位，在有限的空间里凝练地再现了这一场景。在这位女子的上方，是一位顶天立地、仰天长啸、正气凛然的老年知识分子，他身上集中展示着中华民族传统文化中的坚韧不屈、浩然正气和理想情怀。江碧波把在父亲江枚身上感受到的铮铮铁骨之精神都凝聚在了这一人物身上。

在技法上，江碧波把创作《飞夺泸定桥》木刻版画时的人物面部处理经验移植到了《歌乐山烈士群雕》中，把她创作版画中执铁笔在版上作画的力量，把她对黑白中磅礴的气象的把握都运用到了四个立面的雕塑中，并采用了圆雕和浮雕结合的方法进行创作。这四个立面有的似悬崖峭壁，有的似曲径迂回，有的似危岩断裂，有的似奇峰突起。在她的艺术想象中，这仿佛山体的自然变化，人体和山体合二为一，如果在大雨磅礴时前来观看这个雕塑，将会看到山泉跌宕、水帘瀑布之景，别有一番情趣。

虽然这组雕像借鉴了红岩的真实故事，但在江碧波看来，这组群雕并不局限于表现革命时代，它是中国人传统精神的集中体现。“在不断变革与发展中，优秀的炎黄子孙从来就是大智大勇、坚忍不拔和富于牺牲精神的，并由此给后人留下宝贵的精神财富，因此，群雕里的人物刻画一般并不局限于对某一具体人物作出解释。”

江碧波正是带着自己对红岩精神及传统文化的独特理解，充满激情地创作了《歌乐山烈士群雕》小样，这是她情感的自然流露，是她多年生命、艺术体验的外化。这件作品以它蕴含的不凡精神和气度很快得到了大家的一致认可，并付诸雕刻实施。在实施阶段，叶毓山更多地参与了进来。从1981年到1986年，历经五年，制作组将小样定稿逐步等比例放大，最后正式落成。雕刻材料选用了重庆本地的红色花岗岩，象征血染的红岩精神。落成后，该作品陈列在巍巍的歌

1984 年在《歌乐山烈士群雕》作品现场，江碧波与华君武交谈

乐山下，以天地苍山为背景，震撼着无数参观者的心灵。1987 年，这件作品获得全国首届城市雕塑最佳作品奖。至今，陈列该作品的歌乐山烈士陵园仍是重庆地区青少年教育活动基地，一代一代地教育着、熏陶着巴渝儿女。

构思这件雕塑作品的过程本身，也带给江碧波更多的艺术启发。“人体是最高妙的自然之造化，她极为协调完善的机能组合，她的构成之美是抽象美、自然美的集中体现。艺术家就是要在创作中发现人类自己，欣赏和珍惜自己。当我们在描绘人体时，那无穷变幻的神妙形体有时会让你感到这里有高山，悬崖下有低谷，低谷中有平缓的河流，河床上有时而隆起的沙河……在宽阔的平野上，时而转化为延绵起伏的小丘，还有那出其不意的洞窑，我惊异大自然与人是如此之融洽，如此之相似。”

她还从中领悟到了“最好的艺术家就是最诚实的人，他紧贴生活时代的脉搏，在美的追求与生存的奋斗中不畏风险,从而完成了他们手中社会与命运的交响乐”。江碧波的艺术追寻之路,就是在不断的实践中汲取越来越丰富的感悟和体验,这些体验也推动着她以执着之心进一步深入艺术的本源,开辟越来越多的领域,创作个性独具的作品。

□4. 发现民族生活之美

有人说:“江碧波的画是一条鱼,离不开生活之水。”是的,她从来就是一个善于走进生活、发现生活的艺术家。从1982年起,江碧波开始深入到云南少数民族地区考察写生,创作了大量表现西南民族生活的版画作品。

有的时候,她作为老师带学生去教学写生,有的时候,她借寒暑假期自己去独立创作。有一个时期,她独自一人去云南元阳地区写生。作为一个女画家,独自在山野里闯荡是需要极大的勇气和胆量的。她经历过在淅沥秋雨里只有六只小狗与她作伴的孤寂,经历过默默在泥泞里穿行的恐惧,经历过大雨滂沱下释放的快意,经历过山崩路阻时在泥坡上爬上滚下的畅然。这样的经历,对于热爱生活的她来说,不是令人厌恶不已、叫苦不迭的倒霉事,而是令人怡然自得、趣味盎然的独特经历。

带着这份乐观的野性,江碧波在云南收获了很多。这里分散居住着瑶族、汉族、彝族、哈尼族及傣族人民,山里、水边、田间、路边,皆留下了他们生活的足迹。江碧波在山野间跑来跑去,观察民情民俗,寻觅艺术的灵感。赶场天,她专程去路边等待,来来往往的民族妇女,展现着她们在劳动生活中所具有的自然姿态,“炫耀”着引以为豪的民族盛装。山间

路上一群不同民族的少女走到一起，那淳朴无华的脸庞、那健美的身姿透着青春的气息，那美丽的民族服饰、那赤足粗手都平添了几分山间野趣……

一幅幅自然而然、美丽动人的天然画卷，一条条五彩缤纷的民族艺术线条，不断涌入江碧波的眼帘，让她激动不已！她情不自禁地跟在她们后面作画，边走边观察。眼睛盯着对方，手下的画已模糊了，但此情此景唤起了她的激情。远离城市高速演变的生活，她在这里强烈感受到了那淳朴的人类天然之美。由于从小喜欢舞蹈，她非常恰当地把握了充满民族韵律的体态。她抓住了这种美的感觉，完成了无数本写生、速写。回到重庆后，她迅速到画室里，捏着刻刀，一边哼着纯情的民歌，一边去回味和捕捉顽皮的、瞬间即逝的艺术灵感。在自己的笔下、刀下，在艺术的悟性中，她勤奋地创作出了一幅又一幅充满浓郁生活气息的版画作品。

江碧波的作品《山里的小路》形式新颖，画风独具，曾参加全国少数民族艺术展览，荣获四川优秀艺术作品奖。《近邻》《豆角熟了》《回望》《清溪》《黄茅寨上的花布衫》《火的艺术》《汇流》《风华千古》在表现上又有所创新，受到同行赞誉。1982年，她的作品在日本东京三省堂画廊举办的“现代中国版画六人展”中，赢得了极高的评价。

1982年，对四川美术学院来说是很不平凡的一年。作为当时川美绘画系副主任的江碧波与油画家绘画系主任魏传义共同提议，集合当时川美77级、78级师生油画和版画作品，到北京举办四川美院第一次在中国美术馆的赴京大展。此建议得到了当时全国美协主席华君武的支持，江碧波与魏传义为此往返北京、重庆多次。中国美术馆四川美术学院师生画展如期在北京开展，引起了轰动。以华君武为代表的中国美术领域领军人物评价他们引发了“川美现象”，四川画派（巴蜀画派）崛起。很快，以中央美术学院院长江丰同志为首的中央美术学院院领导组织师生到重庆举行艺术研讨会，研究这次川美的艺术创作群体高潮，学习川美的教学和创作经验，并在多种刊物上推广川美教学经验。江碧波的版画作品也在“川美现象”中独树一帜，十分耀眼。

很快，她的一系列版画作品在媒体上先后发表。黑白木刻组画《吹牛》《白云深处》《晨曲》分别发表在《版画世界》和《收获》杂志上。1983 年，《深山里的小姑娘》发表在《中国版画》上。1984 年 7 月 23 日，《重庆日报》增刊又选登了她根据敦煌素材刻画的《吹牛》等。《梳妆中的妇女》《大地母亲》也是她在这一时期创作的代表作。这一时期是她创作版画作品的成熟期，大量作品后来被多次带到世界各地展览，成为在她艺术生涯中最先受到国际赞誉的创作。

江碧波与友人在西藏采风

正如很多人评论的，这些版画是踏踏实实从生活中走出来，又给生活赋予了浪漫超脱的幻想；既具有民族、民间艺术特色，又有西方当代艺术的变幻手法。它们不仅对美术史是一份宝贵的财产，也为民族人类学的研究提供了珍贵的资料。

□5．黑白山城

除了到山区写生，更多的时候，江碧波留在重庆城区进行日常的教学和生活。江碧波自小在重庆长大，山城就是她的故乡。她日日与巴渝的山水相依相伴，重庆的城市风貌也赋予了她无穷无尽的艺术灵感和创作源泉。生活中积累的美的瞬间，就自然而然地在她的笔下、刀下生发。

在嘉陵江边凝视山城的江碧波

从1980年到1985年，江碧波着手创作黑白版画《山城组画》，艺术地再现重庆山城风貌：两江交汇的朝天门老码头、高低错落的吊脚楼、古风犹存的老城墙、黄葛树覆盖的老街巷……江碧波说："这些都是我生活过的地方，记录着我丰富而美好的少女时代。"她信手拈来，把对家园的热爱一笔一划地沁入作品。在每一笔刀痕、每一次笔触、每一个色块中，她深深地将自己的艺术生命和故土联系在一起，感受着个体艺术生命和生存环境的相互依托，抒写着自己和这片土地难以言说的缘分。

在创作这组版画时，江碧波最初的构思是进行套色版画创作，但在反复的思考后，她还是决定采用黑白对比的手法。她认为，“(这是)为了让我多年以来赞美山城的夙愿得到有‘力’度的表现，让灌注在刻刀上的对山城真挚的情感，对山城本质的认识，通过黑白的手段使之强化出来。我认为这样做是关键的、必要的”。借由这期间的创作，江碧波对于“黑白”版画艺术有了深入的体悟和思考，她逐渐开始在黑白版画艺术理论上有了独到的建树。

1983年，她撰写发表了木刻随想《黑白的性格》一文，分享了自己对于黑白木刻艺术的美学见解。她提出，“黑白”既具有质朴而纯净的本质，又具备了明快、活跃、开朗的性格，它的美至高而又纯洁。她还从中国传统美学的角度去阐释黑白艺术，感悟到“黑白”是我们的祖先在艺术实践中运用的法则，黑白木刻版画是祖先创造的独具一格的富于民族精神的文化。在自然界各种形式规律的暗示下，黑白二色在版画中按照特定的心理状态和意象，通过对比中的彼此呼应迂回、穿插、交融，达到有机契合，产生出既高度对比，又高度统一协调的美，它容纳了作者的审美意识和热情，根植于现实而又超脱了现象，既合乎情理之中又出乎意料之外，是一种独特凝练的艺术。她将“黑白”比喻为两匹高傲不逊的良种野马，艺术家就是要驾驭这两匹马，从彩色的自然中发现黑白。她在创作中欣慰地感到黑白二色的特殊魅力，感到这种艺术语言帮助了她，使她完成了这套《山城组画》。

江碧波对黑白木刻版画的体验和见解是一个现代木刻

艺术家对传统的继承、反思和创新，在这里，她已经初步彰显出了自己的艺术追求——走一条既传统又现代的艺术路径。木刻版画是她一切艺术作品的根基，因为黑白里面有大千世界，她通过自己的勤奋思索把握到了其中蕴含的中国传统哲学的深刻意识和西方抽象艺术的美。她沉醉在这种意识中，形成了自己的美学追求，这对她日后各个类型的创作都有深远的影响。

第五章　载誉国际踏芳归

神秘的东方故国
充溢着野山野水的恣意
大洋彼岸的掌声
伴随着自由浪漫的潮汐
潮汐退去
山水无言
故乡明月永在我梦里

□1．从韩素英家访开始

20世纪四五十年代享誉美国的女作家、女记者韩素英(音)，在中国抗日战争期间熟悉中国、了解中国，并创作了很多关于那一时期的中国的文学作品。韩素英为了将她在抗战期间撰写的多次采访回忆录结集出版，通过各种途径寻觅文集的封面用图，最后，她选定了江碧波的版画作品，《飞夺泸定桥》。她通过重庆市外事办联络到了江碧波，要求亲自登门采访这位素未谋面的女艺术家。这对重庆市外事办来说，是一次重要的外事接待。因为要进行家访，学校特意把江碧波家门外很窄的水泥路整修了一番。江碧波也借此美化环境，自己动手利用门口的自来水管，整修了一个小小鱼池，再放几条鱼和几朵莲花，迎接客人时自然增添了一些生气。这次朴素而轻松的交流让客人感受到家的气息，采访效果很好。此后，江碧波与重庆外事办的联系也日渐多了起来。

1979 年 5 月，“中日友好之船”到日本进行民间交流。这次活动是一次中日友谊之行，由廖仲恺之子廖承志带队。由于江碧波在韩素英家访一事中与外事办熟悉，这次外事活动，她便受重庆市外事办邀约，作为民间艺术家代表随同大部队一同前往日本进行外事交流。这是她第一次走出国门，在当时和睦的氛围中，她与日本艺术同行进行了简单的艺术交流，使日本艺术同行对中国本土艺术有了比较大的认同。

1984 年年初，江碧波又迎来了第二次出国交流的机会。当时的全国美协开始组织更为广泛的国际交流，正值版画界要派人去欧洲代表中国开展艺术交流，美协书记华君武先生一直在寻觅合适的人选。他想到了老朋友江枚的女儿江碧波。华君武问江碧波：“只有一个名额，你敢不敢自己一个人去？”骨子里有着男孩子气的江碧波回答道：“代表我们国家去有什么好怕的！”很快，江碧波就接到全国美协的通知，于当年 6 月前往民主德国参加由其主办的 65 个国家组团的国际版画展。为了准备这一个人的异域之行，江碧波找来了四川外语学院的朋友，帮助她一起做语言卡片，共制作了德语、俄语卡片几十张，以备不时之需。

在前往民主德国的途中，经过苏联时，她遇到了一个让人紧张的小插曲。因为那时苏联还没有解体，德国的柏林墙还在，因此苏联对于往来东西方的人都十分密切地留意。江碧波一个人行色匆匆，在苏联机场被怀疑，所以被扣留了一天。苏联方不断核实她去民主德国的缘由，后来证实她确实只是单纯的艺术交流，才放行转机。

这次前行，江碧波需要负责押运我国参加这次国际版画展的作品共30件，包括四川、山西、广东、江苏、内蒙、青海、甘肃、吉林、黑龙江、安徽等10个省市的中青年版画家的作品，其中有她自己的作品共3件、8幅，包括《白云深处》《醉》《吹牛》等。这些作品都是江碧波在西南地区采风并创作的，它们以强烈的西南民族特色和深厚的版画刀法功底受到各国艺术家好评。在民主德国参加国际版画展会议时，她对国外的画家说："目前中国经济还不发达，多数人还不富裕，但他们是生活的开拓者，美的创造者，我们的艺术应该给勤劳、智慧、善良的人们带来美的享受。我体验的美是故乡、故土的普通人给我的……"

初次带着自己的作品走出国门，江碧波深刻地感受到了艺术在国际交流中的特殊能力。"美术是国际间沟通、相互了解的语言，不用翻译，不用旁白，凭借我们的眼睛，通过艺术语言，可以清楚地从地球的这一面看到地球的那一面，看到上下几千年人类心灵、性格、情调的真实演变，这是一部民族的、世界的精神，灵魂的历史记载。"凭借着艺术语言的平等交流，江碧波的此次欧洲之行收获了国际友谊，也给世界版画界带去了新鲜的空气。对她个人而言，这次交流丰富了她版画艺术的视野、充实了艺术体验，也激发了她版画创作的灵感。回国后，她决定把自己在国外得到好评的作品放到北京展览。

1985年1月，为了展示艺术领域里的"半边天"，中国美术馆举办了一个纯是女版画家作品的展览。这是新中国历

史上第一个女版画家十人联展，入选的女版画家都是高等美术院校培养出来的中年版画家，在文艺战线上做了许多工作，作品丰富，具有不同的艺术风格。江碧波作为全国知名女版画家，代表四川美术学院参加了这次展览。她的作品《山城组画·小街》具有很强的西南特色。有艺术评论家评注其作品"热情奔放、黑白明快、刀法有力"，正是切中肯綮。这是在《飞夺泸定桥》后，江碧波的作品第二次到北京参展，时隔多年，她对于版画刀法的执着追求收获了回报。

2. 客座北美：艺术的拓展

江碧波出访日本、欧洲后，还多次应邀到罗马尼亚、波兰、法国展出作品，她的艺术才华更广泛地为国际所知，得到了世界艺术评论领域的首肯，积累了良好的国际声誉。国际绘画艺术圈人士只要提到中国现代版画界的知名人物，都无法绕过江碧波——这位具有神奇东方魅力的艺界奇女子。

1985 年 10 月至 1986 年 7 月，江碧波应美国俄勒冈州太平洋西北艺术博物馆和艺术学院邀请，以客座教授的身份到美国进行艺术交流与讲学。在那里，学校安排她在该校最高权威戈登教授的工作室工作。江碧波在那里专心搞创作，画室同时也是教研室，学生们可以随时来提问和观摩。

戈登教授是位非常和善的老人，他曾在第二次世界大战期间的欧洲收藏了很多美术作品，包括毕加索的作品，并捐赠给了俄勒冈州西北艺术博物馆，因此他在美国享有很高的声誉。与此同时，为了让江碧波在美国感到亲切和方便，他还亲自领着江碧波去美术用品商店购买创作用品，包括画纸、刻刀、油彩、滚筒，并亲自演示他的版画制作方法。戈登教授还配合江碧波亲自操作电脑，协助她完成了一批电脑美术作品。在如此宽松的环境下，江碧波进入了一个无拘无束的创作空间，她大量借鉴美国当代创作手法和制作方法，并以中国人特有的文化审美心理、自然观及艺术哲理的思维，完成了大量与当代国际艺术同步并具有中国文化精神的作品。

那一年多的时间，她住在美国波特兰，感受到大西洋彼岸不一样的风土人情。那以玫瑰花为象征的河道、桥梁纵横的美丽城市；那个在祝她生日快乐的合唱声中送上的生日蛋糕；那些圣诞节晚上家人互赠的礼品；那初春时节每天从花园里摘回的一盘鲜红的草莓；还有那满饰着草莓枝藤的卧室窗前……这些美好、新鲜的异域情调都滋养了她融合于世界的艺术心灵，激发了她的创作欲望。

闲暇时，她到华盛顿、费城、旧金山、纽约等城市的艺术博物馆游览，开拓了艺术视野。在那些时光里，她似乎阅读着一部巨型的人类学经典，它分别记载着不同区域、不同时期的人的悲欢、社会心态，散发着浓郁的生活气息。她在这里感受到，真正的艺术不分国界，无需解说。

虽然美国的生活为她带来生活和艺术上的诸多清新空气，但离开故土的她，无时无刻不思念祖国。飞行的失重感与她内心的失重感同步，向着这陌生的世界靠近，她感到自己似乎进入新的梦境，而故土之情常常成为梦中之梦，遥控着她的艺术心灵。

人的感觉有时候就是奇怪的，但奇怪的感觉有时候能在艺术家内心激发出别样的灵感。江碧波觉得自己比其他时候更明确地感到自己行为的真实，感到个人感觉的真实与自

然环境的真实融合。在这种状态下，她不能预测自己将能做什么，但总在力求去做点什么。江碧波敏感的心灵体悟到了不可忽视的宇宙的威严与恩赐。诸多复杂、灵敏、梦幻、真实的感觉，催生了她在美国的艺术创作。

她在美国波特兰的居所和工作室里开始了奇幻的艺术表达。一开始，她运用擅长的黑白木刻手法创作了一些充满新意的木刻作品，其中就有作品《自然中的生命》。随着时间的推移，一方面，她受到了美国社会开放心态的影响，开始尝试色彩和更丰富的艺术形式。“我不认为对于黑白二色的爱好和某种绘画形式的一再提炼是沉寂的心灵的体现，但我认为长久的充满了辉煌与灾难而又沉寂了的历史，更不应当把我们的心灵禁锢起来。”另一方面，她得益于美国人文环境对个性的强调，渐渐正视自己心中曾经存在过的某些看似荒诞的思维，去摸索着创作一些在她的思维中存在的东西。她开始在艺术中表现生命、自然的灵气、自然创造人以及艺术家移情自然的感受，在作品中表达其审美体验到的朦胧意境。她把自己长久以来对自然的向往倾注在作品里，把中国人不可避免的怀旧心理和对古人的追思幻化在作品里，创作出一系列版画作品，其中以独幅版画为主。

在这些作品里，我们可以看到人的倩影和精灵的形态无处不在，他们在溪谷中，在悬壁中，在山岩间……江碧波在实践一种好似意识流的创作方式。艺术家的创作虽然并不改变原来意识的轨迹，但随性发挥之下，意识可以跑得更远。她笔下的形象仿佛获得了独立活动的权利，它们按照自己的逻辑、性格和个性发展。艺术家潜意识中的东西也参与了创作过程，她的思维像游离、追逐在虚幻星际之间的性灵，它从莫测中产生，从无形到有形，以其独特的面貌显示自己，又悠然自在。她终于感受到了何谓“自然天趣胜于人工斧凿”!

在波特兰的画室里,江碧波放纵着这种新颖的创作状态,在艺术上冲毁了习惯的陈式,代之以勃发的新生,开始了自己在艺术道路上的飞跃。在美国期间,她都是以创作独幅版画为主。她创作的《裂变》就是其中的代表作,用她自己的话来说,这幅作品是“抽象意识的直觉形象反映,是东方意味的人化的自然形象”。在那间画室里,她共创作了几十幅版画作品,如《睏》《自然之子》《时与空》《唐代生活之印象》《波特兰的黄昏》,石门颂系列之《流江》《春》《浴》《女娲》《山鬼》等,其中不少都是她在这种状态下,运用美国的版画新技法创作的。

说到版画新技法,这是江碧波北美之行的最大收获之一。在美国,有关版画制作的材料应当说是很丰富了,底板可以是锌板、铜板、塑料板、木板、纸板,媒介可以是布匹、树叶、丝绸等,工具另有不同的系列。印刷材料如纸张、油墨、色彩、调色剂、去粘剂等亦各有系列。印制机械分老、中、青三类,各有其用武之地,还有各种制版

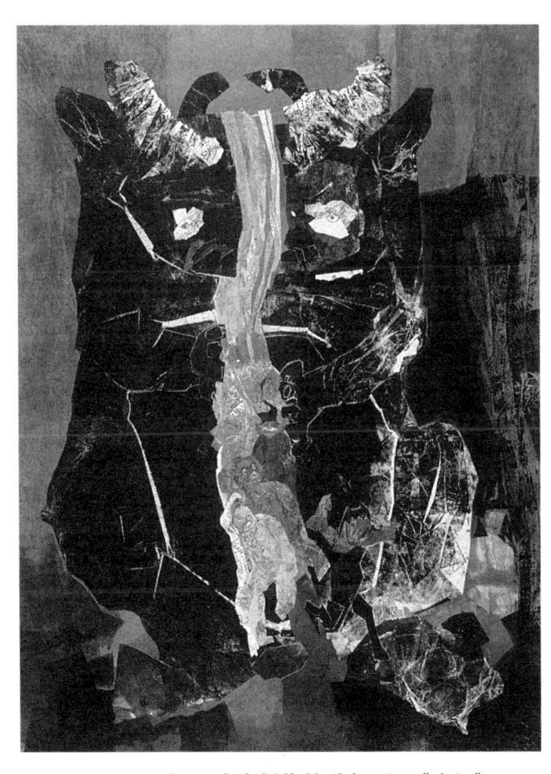

1988 年江碧波创作的独幅版画《流红》

手段也举不胜举。由于种类过于丰富，江碧波感到用多少时间都难以逐一尝试完，而她在北美交流的时间不会太长，因此，她迫切需要找到一种适合自己的表达技巧。然而，要在很短的时间内找到最适合个体艺术家的技巧，绝非易事。为此，她抓紧时间与很多美国艺术家交流，并不断在自己的画室里实验，她放弃了自己几乎所有的休息时间，付出了艰辛的努力。

慢慢地，她越来越熟练地掌握了独幅版画的创作规律，开始综合运用多种版画形式。她能够灵活利用丰富的平面物质肌理，对工具和画有很强的控制能力和应变能力。她还结合了中国画论中讲求的“力追险峻而复归平缓”的道理，以个人自信和胆识尽情构思形象、组织画面。她抓住了独幅版画把偶然性与必然性高度结合的特点，使自己的作品达到了妙趣天成的境界。

虽然江碧波研究、借鉴了美国的版画技法，但由于她在作品中赋予了更多东方的情思和审美，创造和寻求到属于自己的独特手段，在制作中加入了自己的作画习惯，所以，令美国艺术家们倍感惊讶的是，她创作的作品和他们以往见到的完全不一样。本来是她向美国人学东西，大半年以后，不少美国人反过来又要求向她学习了。江碧波总结道：“真正的技巧就是一种天趣，是不可模仿的。”她顺应着心灵的引导，在这种天趣的指引下，取得了巨大的成功。

1986 年 5 月 1 日，离江碧波结束美国艺术交流还有一个月的时间，她的个人作品展在美国华盛顿州西雅图国际会展中心如期举行。展出作品共 50 幅，其中近 4/5 的版画作品是她到美国以后创作的。展览中，版画《梳妆中的妇女》获得了广大艺术爱好者乃至艺术家们的极高评价。江碧波解释说，这幅作品其实就是一种人生的自我表现:从狭义上看,作品表现的是三位不同时代的妇女打扮自己的方式;而从广义上看,作品从侧面深入揭示了人在不同时代的生活——梳妆方式的发展变迁就是人的生活缩影。这一系列作品的画展还在美国波特兰市博物馆展出,展出时也受到高度评价,有的作品被该博物馆收藏。

在美国画展取得成功以后,她结束了为期一年的艺术交流和访问。即将离开美国,她的异国朋友们紧握着她的手,依依不舍,"不要忘记在美国波特兰的家",时隔多年,这亲切的话语常在她耳边响起——"这紧张、充实的360个日日夜夜,正如挂在美国家的客厅和卧室的我的新作一样,不会在他们的记忆中消失,也永远不会从我的记忆中消失。"与异国的朋友们结下的深厚友谊是江碧波人生中最宝贵的财富之一。

当江碧波还在美国的画室中埋头苦干时,1986年3月,多伦多与重庆正式成为姊妹市。江碧波结束了美国的访学以后,在国内休憩了短暂的时间,就受重庆市政府的委派,同时应多伦多市长艾格顿的邀请,于1986年7月25日到多伦多访问。多伦多市长艾格顿在多伦多市政厅款待来访女画家,中国驻多伦多总领事夏仲成陪同参加。在欢迎致辞中,艾格顿宣布之后一周将在市政府一楼圆形展览厅展出江碧波的版画,以庆祝她的到访,同时向重庆姊妹市致意。这次个人画展共展出了江碧波的50幅作品,除了在国内和美国期间创作的版画,还包括大量国画、素描、石雕等。

这次展出的很多作品在加拿大华人界引起了轰动。石雕作品《华夏蹈迹》系统地表现了中华民族从远古的渔猎时代到现当代对于美的追求过程,江碧波用现代的艺术手法表

达了中国传统的审美理念。这个作品在精神上是民族的，在表现手法上是现代的，从而实现了石雕艺术的一种突破和创新。她的国画作品《潺潺清泉流古今，恰似慈母之心至情、至诚、至重》用纯美的画面、自然的想象，表达了对母爱和自然母亲的歌颂。她的版画作品气魄大、刻法新、色彩丰富，具有强烈的现代时尚感，赢得加拿大艺术界的广泛好评。

台湾《星岛日报》、加拿大《加华日报》采访了江碧波。她在接受记者采访时，谈到了在经历独幅版画创作以后对版画艺术的进一步认识。她认为，版画比传统的国画具有更加宽广的艺术天地，版画的艺术创造空间大，非常适合表现抽象意识。艺术家对大自然、对生活的感受所产生的灵感，可以尽情地用不同的手段去创作和发挥。可以用刀刻，可以用油墨、色彩和各种不同的材料。她甚至用了“可以放肆”这四个字来道出版画家的领域是没有任何限制的。而版画特别适合表现人和自然的奇妙造化，她抓住了独幅版画艺术形式和艺术内容的契合点，所以她的作品着力于表现大自然的浑然真实却又充满了神奇想象的气派和美感，而非人工斧凿般的创作。江碧波就是这样一位善于学习、勤于创作、善于思考、善于找到自我特色的艺术家，所以，她在北美的两次画展都取得了巨大的成功。

由于她的画作让北美艺术界看到了这位中国西南地区本土画家的强劲实力，在北美产生了非常好的反响，所以在夏天短暂的展览之后，加拿大安大略美术学院决定特别邀请她以客座教授的身份到加拿大进行艺术交流与讲学。从1986年7月开始，江碧波开始了在加拿大长达半年的客座讲学。

在加拿大工作和生活期间，江碧波切身感受到了加拿大的自然风韵。她与戴勒斯等朋友一起在农场里作画，与白林雁先生的家人一起在湖畔写生。这段时间是难得的创作机会，她可以进一步发挥艺术想象力进行创作，这个过程艰辛而愉快。在这段时间，她还参观了加拿大的一些艺术博物馆，更为深入地综合比较西方文化与中国传统文化的区别，认识到东西方不同审美理念背后的哲学差异。通过这种对比，她也更加明确地体会到东方艺术的独特之美，进而产生了一种艺术自信、审美自信。

她更加清楚地认识到，东方艺术已经有5000年的历史，而佛家、道家思想都不同程度地反映在国画等艺术形式中，这恰是东方艺术的特别魅力所在。受道家思想的影响，她尊崇大自然，也尊崇人，认为人是值得骄傲和自豪的。人既然是大自然所创造的“神奇之物”，那么人不应该违背大自然的规律，现代人不应该被异化。她意识到艺术家的使命之一就是拒绝人的异化……在一系列的深入思索之后，她又创作了一批风格特殊、融合了东西方思想的艺术作品。

1987年4月7日，江碧波在加拿大的第二次个人作品展在多伦多SETADEL STUDIO举行，多伦多市长艾格顿、安大略省美术学院院长海斯威和夫人、中国驻多伦多馆陈瑞略副总领事、王桂林领事伉俪、美术学院的鲁道夫、戴勒斯，安大略省美术家协会会长乔奇先生、多伦多大学出版社社长伍卓生和安大略省多元文化咨询委员会主席江绍伦博士等200多人出席画展。这次展出的作品以江碧波到多伦多访学之后创作的为主，共100多件。乔奇对江碧波仅用半年时间就能创作出这么多佳作感到非常惊奇，中国人的勤奋与才华深深地折服了这位见多识广的人物。海斯威则盛赞江碧波在艺术上的突破性成就以及半年来对中加艺术交流的无私贡

献，他深深地感到这位东方女艺术家的创造能力和博大胸怀，是令人尊敬甚至仰视的。

江碧波 1987 年在加拿大多伦多自己的画作展览会上
与安大略美术学院院长海斯威以及多伦多市长艾格顿交谈

这批展出的作品受到当地艺术爱好者的喜爱，很多作品在展览期间即被订购。仅这次画展后，江碧波就收获了一万多美元，这在 20 世纪 80 年代的中国是十分可观的数字。展出作品《永恒的瞬间》是她的得意之作，画面中有一个魁梧的男子，他宽阔的胸部已经和岩石融为一体，而面部表情则是严肃中透着顽皮，江碧波认为，这就是自然的人性。这幅作品成为这次展览中最大的亮点，赢得了观众们的喝彩。

这次展览中的作品，还进一步凸显了江碧波创作中的另一特点，那就是着色非常大胆，敢于突破框框。这是江碧波到北美艺术访学之后个人风格的巨大转变——从黑白凝练到狂放、梦幻、绚烂的色彩，加拿大之行继续了她在美国后期开创的彩色独幅版画方向。作品《烈火中的永生》的背景就是火红的色彩，而画作中的人物又坐在炽热的岩石上。这种浓烈的色彩和超前的思维，让一些艺术界人士不免心生质疑。对此，江碧波有她自己的理解。她认为，自己感受到生活本身是红色的，是充满了理想和张力的，因此，她在画作中用玫瑰色象征爱，人经过了火的熔炼，能量自然迸发。红色保卫者之所以是弓形，就是表现他想要张弓射箭，去创造美好的世界。这是多么炽热强劲的生命体验和多么大胆的艺术想象！让人不禁真实地感受到了这位外表温柔的女艺术家的那颗充满力量的心。

展览中有一幅充满佛教意念的人体画《醉酒菩萨》，表现了江碧波融合东西方思想的艺术理念。她觉得这幅人体画表现了她的宇宙概念。道家所谓“无”，并不是空，从“无”出发，一直追下去，会发现很美的东西，可以大有作为。“无”和“空”，本身都并非“没有”，而是对宇宙人生的科学认识，是真正的“有”。到了这种境界，才能感受到空灵美妙的神奇，心“虚”才能“实”，而且可以无止境。江碧波切身感受到这些东方神秘色彩的哲学思想也受到西方人的重视，而她自己从小就受到这些思想的深刻影响，她更加喜欢无拘无束，更能在创作中忘掉一切，凭着自己对自然、事物的体验，她创作出充满心灵激情的作品。

这次展览后，她的部分作品为加拿大多伦多市皇家博物馆收藏，有的作品还应邀参加了法国春季沙龙展。《白云深处》《近邻》在她从加拿大回国后，送至日本展出。

总之，两年的北美生活和艺术交流，给江碧波带来很大的触动，使得她的作品在原来的艺术基础上形成了新的面貌。中西文明之间的碰撞、不同理念之间的对话，深化、提升了江碧波的艺术思想，激发了江碧波的艺术活力。江碧波取

得了重要的艺术成就，她开创了现代独幅版画的新领域、新境界，也开启了东方版画的现代艺术之路。虽然她还沉浸在这些实实在在的创作状态中，还沉浸在对艺术的奇妙思索中，还没有意识到这批作品之后会为她带来更高的声誉，但真正伟大的艺术往往就是在这默默地探寻内心激情、寂寞地形成个人意念的过程中诞生的。她不仅以作品令国际画界惊叹，更用她画作中的人性之情和民族精神感染了每一个与她的作品对话的朋友。她自身具备的东方女性的神秘内敛和磅礴浩渺的精神气质，通过她北美期间创作的作品发挥得淋漓尽致，既实现了自身艺术的飞跃，更成为中西绘画融合的典范。

□3．文化自信感召国际友人

江碧波到达北美之初，意识到自己的艺术只能植根于自己的故土，也正因为如此，她更加珍视在北美度过的每一天，抓紧时间搞创作、学习、参观，还有举办展览。

在北美生活工作期间，江碧波对传统文化又有了更进一步的认识和思考，对东方文化更充满了自信。她认为："必须承认，我们不能摆脱特定历史背景下的人身上的东方人的文化审美心理，而那阴柔、阳刚派生的力量和后劲，并不亚于西方人以实证精神培植起来和不断演变着的文化审美心理或内在气度。东方神秘主义色彩是以古代哲学思辨精神为基础的，在当时科学还不能有效地解释许多生活现象时，人们以丰富的经验、敏锐的直觉和细微的观察，从多方面寻求明晰这个世界的方法，解释人的本源，从而建立起思想体系，这种思想体系在宏观和微观方面都有很大的科学性，但同时也存在很大的不确定性，这种不确定性使它又具备了很突出的美学意义。至今，现代文化的发展已确定了模糊性科学和理论存在的价值，东方的神秘主义更为现代科学所重视，我总觉得人的崇高与自然的壮美是多么一致，无论人对自然有多大的征服力量，宏大的自然宇宙对我们来说仍是一个谜，自然力仍是不可抗拒的。在艺术实践中不乏这样的体会：当其无利害冲突地与自然力融合在一起时，在那超然无为的境界中方能以不变应万变，以无为应无不为，这样，我也在其中了。”

她经常向北美的朋友们倾吐自己的艺术思想，交流自己对于东方文化的艺术感悟，这样频繁的交流和沟通，让很多国际人士既了解了这位东方文明的使者，更增进了他们对东方文化的热爱和彼此之间的友谊。

安大略省美术学院画家戴勒斯先生曾和江碧波等多位艺术家在农场一起作画，他对江碧波的性情、思想都有深入的观察和了解。他非常希望江碧波能够留在北美，但他也知道什么也阻碍不了江碧波对中国传统文化回归的渴望和热爱之情。临行前，这位画家、农场主人慎重地宣告，他要用中国书法去造型和雕刻一块富于中国韵味的“戴勒斯山庄”碑坊，以示中国艺术在此地留芳。虽然朋友们分居大洋两岸，但此情此景将永留心间。

安大略美术学院院长海斯威在第二次参观江碧波的画展后，私下对江碧波提出了一个请求。他的太太是一位水彩画家，希望有机会和江碧波一起去中国四川，到三峡和西南少数民族地区去采风、创作。这位美国女士自从接触了这位来自于大西洋彼岸的东方女画家以后，对中国文化和中国的

风土人情充满了向往，因此委托自己的先生表达了这一愿望。江碧波十分高兴地接受了这一提议，她说："艺术无国界，热爱生活和对美的追求把世界各国的人们连接在一起，中国的文化有着悠久的传统和思想魅力，是值得西方人去探索和追寻的。"后来，这位女士随着江碧波回国后采风一月有余，又给加拿大的朋友们带回了很多中国风情画。

令江碧波难以忘怀的是，在加拿大客座期间，有一天，她回到居所，发现门口坐着一位远道而来的美国朋友。他拖着行李箱，风尘仆仆，下了飞机就径直来探访江碧波，并带来一盘录音带，录音带上是美国朋友的一段问候和充满了思念的歌声，这让江碧波边聆听边流下了眼泪。她的美国朋友希望她能去美国发展，但是江碧波还是没有去。对于坦诚、直率的江碧波来说，拒绝朋友的真诚相约是令人遗憾和内疚的，她只能把异国他乡的友情铭记在心。当然，朋友们也非常理解和尊重江碧波的艺术理想和对中国的眷恋，尊重她朴素的乡土情怀。这发自内心深处的灵魂对话烙印在国际友人的心灵最深处，如浩瀚大海一般深沉，在大洋彼岸随着潮起潮落响起永久的回声……

□4．眷恋故乡一片情

在北美期间，有不少华裔人士和外籍人士了解到江碧波在"文革"期间的经历，都非常诧异于她没有愤恨故土，还要一心执念地回国去。江碧波对此有自己的想法："过去的生活，不论是甜、是酸、是苦，那经历过人生体验对我们来说都是一种财富。像我等中年一辈，在民族自强的理想与磨难中，大约每个人都以不同的角度体验过忧患、羞耻、委屈，也有天真、无虑、进取的欢乐。当回顾这一切的时候，却又是一种享受，它磨砺着我们的意志，转化为一种精神，也正是对这种精神的自我审视，完善着自我的人生过程，而这些过去了的事，对于我就像是一场一场的梦。”对于江碧波来说，物质不能锁住心灵，人情的是非表象更不能绑住手脚，这些很重要，但也很不重要。相对于真正的精神渴望来说，外在的问题都不是问题。她曾经经历了民族的欺辱，到现在又经历民族的崛起。在他们这一代人身上，有着更崇高的追求，他们关怀民族的命运，追求人类的真理，有着深深的家国意识，忧患民族之命运，早已超越斤斤计较个人的名利得失。正是理想的光辉照亮了人生灰色的角落，乐观、坚强、自信都是自然而然的人生主题。

到了北美，看到居住在地球另一边的人们在物质上有极大的享受，她的心灵不是没有受到巨大的冲击。但是，不同的逻辑会得出不同的结果。她思索的方向和出发点是那么朴素、单纯，可以说仅仅来源于一个虔诚的艺术家的良知。在某天夜里，谈到这一切，江碧波以她诗意的语言天赋，真切而激愤地向笔者倾诉着她的所思所想：

“一个东方人处在西方的世界，可以与他们获得相同的感受吗？物质甚为丰富，习惯于高消费的人会为此而满足吗？我又会由此而生羡慕吗？身在财富积聚、讲究享受的世界，我的确为处于发展中的古老文明的中国感到不平、叹息。然而，这难道就是我为千年凝聚的中国之魂魄而感伤的症结么？不！我们可以拿与我们相对的地球另一边作为我们的镜子。在这里，我们看到了在我们的故土上，人们在为自身利益发展拼搏的同时，又异化着自己本性的悲剧。我们的河

流干涸，我们不留后路地糟蹋环境，糟蹋我们的历史文明而不知违反了天意。在西方，对于人造之物的欣赏，也在一天天地异化着人们的天性，甚至无形中摧残着人们。无论是东方或西方，也无论什么样的文化背景，有先见之明的人都在关心人类自身精神的问题，以面向真理的态度审视自己和自己的生活，不去隐讳自己的观点和痛苦。虔诚的艺术家总是最能预感即将出现的困惑，他们的诚挚、忧思以及他们无利害冲突的呼唤，使我们看到那透明的心灵和人格的尊严。在这异国他乡，当我站出来再回过去看生育我们的故土时，心灵受到强烈的震动，历史的使命感压迫着我自己，释放的思想穿过生活的乐园，我陷入对人类生命意义的忧思。人与人之间为什么要仇恨？人的一切创造的目的又是什么？人们难道因为现实的贫困就不会宽容？这时，我更感到我们祖先留下的精神财富的价值。这来自东方，带有神秘色彩的自然观以及超越时空的宇宙意识也正是西方学者所倾慕，并期待着艺术家去发扬与光大的。这就勾起了我对于我国西南地区野山、野水的一片恋母之情。”

不仅如此，江碧波还深深地感到，在那样一个人人争先恐后留在美国的年代，她更不应该留下来。她说：“我不想给我的学生做一个坏的表率，让他们看到老师公派去了国外就不回来了，我觉得这应该是一种背叛，背叛了养育我的四川美院，背叛了我的学生。我不希望给他们的人生带来负面的影响，我是老师，更应该教他们怎样做人。”

其实每个人关于故土的思绪往往都是深沉的。每当江碧波漫步在北美的海边，就会想到遥远的扬子江，想到或许其中的某个水分子就漂流在北美洲西海岸的水边；她会想到故乡的明月，想到那生她养她的山城，想到家人是否安好。

异国的新鲜生活并没有改变她，她反而真切地看到了自己的内心，领悟到了“最好的艺术家就是最诚实的人”。她诚实地思恋祖国，虽处大洋彼岸却时刻紧贴故乡的脉搏。

两年期满，母亲从重庆打来越洋电话，“孩子你该回来了”。这一句真挚的呼唤牵动了江碧波的归心，她拒绝了朋友们要她继续留在北美的盛情邀请，迅速回国，之后再也没有长时间留居北美。这个阶段过去了，给她留下的又是如飞行在梦里的回忆，只有故乡才能让她有着陆的感觉。不过，这宝贵的体验开启了她人生和艺术的又一段新的征程。

□5．“江碧波现象”

当江碧波还在美国波特兰市访学的时候，当地报纸就曾高度评价——“她的艺术将影响中国”。这一评价很快在江碧波回国后的几年内得到了印证。

1988 年 8 月，江碧波从美国回来以后就在中国美术馆举办了个人画展。这次画展展出了她在美国期间创作的独幅版画作品，获得了巨大的成功。有人形容她的画作《阵痛》似乎是

1988 年江碧波回国后在中国美术馆办展览，与前来参观的王光美合影

霍去病墓雕的现代变体画，《风筝》仿佛有巫文化中招魂幡的影子，《泥人的变异》使我们感受到云南岩画图腾形象的神秘性，而《钟馗与小鬼》则充满了川剧特有的幽默俏皮。在作品面前，很多人都感到十分震动、振奋，一种喷薄而出的艺术力量，让国人看到了传统中国艺术和现代艺术的完美融合。当时，包括清华大学、中央美院的学生来参观后都备受鼓舞。有位曾认为版画已是“夕阳艺术”而改攻国画的北京画家，在观赏了江碧波的画展后痛悔、感佩不已：“江教授的画激起了我对版画的新的兴趣。”

1988 年基辛格访问重庆时江碧波为他介绍四川美术学院创作情况

1988 年夏，作为第一个在中国美术馆举办个人画展的女版画家，江碧波的 20 多幅作品被中国美术馆收藏，江碧波也成为该馆重点研究的画家。

紧接着，四川美术界引进了中国美术馆的此次个展，在成都举办了江碧波的画展。

1988 年 12 月 8 日，江碧波画展在四川省展览馆开幕，更全面地展出了她 1985 年以来旅居北美时创作的新作品，包括油画、独幅版画、铜版画、石版画、木刻等 100 余幅，作品主题是探索人与自然的关系与奥秘，透露了对人与自然的深沉的忧患意识，引起人们极大的兴趣。《青年作家》的一位编辑在看了这次展览后说：“在江碧波的版画前我激动得颤栗，多年没有看到过这样美、这样震撼心灵的作品了。”

1989年3月8日，继1988年北京、成都画展后，四川美术学院美术陈列馆又举办了江碧波个人画展。当时的重庆市委副书记周春山、陈宽金以及市文艺界、美术界人士出席开幕式。江碧波画展荣归故里，给学生们带了强烈的心灵震撼和艺术冲击。

1987—1990年，江碧波的北美画作在北京、成都、重庆连续举办个展，并很快由外文出版社出版了她的大型画册《东方魂》，其中收录了《山洞的风》《哈尼姑娘》《苔的暗示》《山鬼》《女娲》《石门颂》《傍泉》《山石的桂冠》《对过去的回忆》《娲氏社会系列》《红色年代》等一系列作品。

江碧波的画作得到了国内艺术评论家王琦、马克、刘白羽、水天中、刘晓纯、刘曦林、牟群、江世渝和美国艺术评论家阿尔奇·格雷厄姆的长篇盛赞，其他公开发表的艺术评论文章和人物专访多达20余篇，包括《人民日报》《重庆日报》《文汇报》等十几家具有影响力的主流媒体都发表大篇幅文章专门介绍、评论江碧波的版画新作。

《人民日报》如此评价她：

> 总能找到一种中间形式来连接人和自然，她的画，审其形，有现代画面构成的力度，视其质，尤其是制作过程中那种天成的偶然效果，不能不使人对自然之美和人的创造力发出由衷的赞叹。在这一时期，她的创作始终渗透着东方人的审美观念，色彩有时是印象派的，但不乏中国民间艺术的爽朗，线条带着表现主义的放纵，却又不失传统文人笔墨的节度……她把人生的搏斗引入了自然生生不息的运动之中，她在画面上找到了真正的

自然、人化的自然和自然的人化以及那种充满无穷的创作力和破坏力的生命之源。

王琦先生为她的北京画展撰写前言，其中评价说："江碧波是一个严肃的有社会责任感的艺术家。……她的独幅版画创作是她鲜明的艺术个性和大胆的艺术创造的标志，这一独特的艺术形式在她手里充满了盎然的生机。"

马克先生赞叹她具有"语不惊人死不休"的探索精神，认为她所开创的综合版画振兴了我国当代版画。马克还概括她的作品具有随意性、综合性和民族性。随意性，是指她创作时强调感觉、直觉把握生活的能力，同时又注重传导这种直觉感受的形式，是对"刻板结"的一个突破。综合性，既包含构思方面的综合，也包含不同表现技法的综合。而这个综合性将会成为之后版画界的一种发展趋势。民族性，是她的骨子里渗透着中华民族的民族心态和东方人的审美情趣。他引用了黑格尔谈歌德作品时说的话，"他在描绘东方的人物和情境中，始终既维持住东方的基本色调，又完全满足我们近代意识和他自己的个性要求"。

加拿大安大略美术学院东西方艺术哲学理论专家阿尔奇·格雷厄姆为江碧波画展撰写序言摘要。他认为："（江碧波的）作品都清楚地阐明了两个民族之间的文化类同，道教告诉我们，每一样有生命的东西都在寻求生长，是老子的'万物的宗教仪式庆典'。她使我们想起'一个伟大的用金子写成的远东艺术思想体系'，一种对道教复兴的兴趣，也许保持道教的传统是江教授在西方之行中的最大成就。"

费新碑为她撰文《现代符咒：人与鬼》，文中评论道："在江碧波教授的'生命系列'组画中，他所提示的正是与今天业已疲软、万分精巧绝伦相对抗的一类粗放痛楚的精神食粮。与一般的丑、奇、怪、狂、乱的现代艺术家不一样的是，她的作品深植于一个苍茫、古老的民族文化传统，自身又是一个楚蜀文化的优秀传承者，更为奇的是她恰好又是一个南国温柔的女子，难怪三者合一，绝对会生出一股子妖鬼气。”

刘白羽先生称她是艺术界的“横空闪电”，称她的作品“一刹那间，使我看到我们整个中华民族的形象与神魄”。

有位诗人看了她的画展后这样说：“看她的现实主义城市雕塑作品和版画时，以为她是一个男画家，因为那里的作品体现了一种阳刚之美，看了她以女性为主题的爱、母与子系列作品时，才真正认识她是一个充满女性特征的母亲画家。”

有学生在参观后评价她说：“她让人感到大自然壮观和不可抗拒，可以摧毁又可以创造新的生命，自然在毁灭的同时又带来了新的生机，自然和人性的同构是江碧波创作思想体系中很重要的组成部分。”

甚至还有人因为被江碧波的作品震撼了灵魂，把她夸张地比喻为“版画界的女妖”“美丽的魔鬼”……

江碧波的艺术事业取得了全面成功。她的艺术创作把她推到了众人面前，美术界迅速掀起了一股研究“江碧波现象”的热潮。

此时此刻，江碧波并没有被赞美冲昏了头脑，她仍然保持着内心的平静和谦逊，她依然是那位明眸中有一缕“神秘”忧思的本土女版画家。《四川文化报》借用李贺的诗句“女娲炼石补天处，石破天惊逗秋雨”来描绘江碧波的作品，用“石破出碧波，天惊波不惊”来描绘江碧波的心态。艺术作品是表象，艺术家的心灵才是源泉。那些源于她内心深处对人性良知的呼唤、对自然和人类命运的关注使她的心态总是那么

超乎现实、波澜不惊，其作品也因此无需其他解读就能产生跨越国界的影响。这些都比以前的“伤痕美术”意境更为深远，更能吸引不同文化背景下的人们的关注，更具有国际视野。

江碧波正是这样一位能真正平静面对自己的成就与声誉，真正拥有大气而高远的艺术追求的艺术家。当世人还在惊叹于她作品中的勇气、才华和探索精神，惊叹于一个年过半百的女版画家在艺术上仍然具有如此旺盛的创造力的时候，她早已云淡风轻，继续走在不断追寻和开拓的路上，不知疲倦地开垦一块又一块艺术和人生的处女地。

1991 年，为嘉奖江碧波为社会作出的贡献，国务院为她颁发了特殊贡献政府津贴及荣誉证书。在后来的日子里，她又陆续收获了很多国际奖项。但在江碧波的会客厅，来拜访的人们几乎都很难看到这些奖状、奖杯的陈列。她的会客厅墙上挂着她的画作《山鬼》——一位骑虎而来的女子，壁柜上摆放着她的雕塑，桌子上插着时令鲜花，阳台上挂着一只八哥，除了艺术气息浓厚，和一般家庭没有什么区别。来访者不会感到局促，而女主人总是随和、从容、亲和地与来访者畅快相谈。笔者永远难以忘怀在狮子山和江碧波随意地斜偎在白色沙发上，聆听松风、亲密相谈的每一个夜晚。

6. 开创高等院校中国版画研究会

从美国高等艺术院校回来后，江碧波对版画的技法不断进行思考总结，应国内艺术同行之呼声，江碧波也乐意分享自己在北美期间的创作心得，于是决定召开“首界全国高等艺术院校版画艺术研讨会”，同时成立“全国高等艺术院校版画艺术研究会”。

1992年，这次版画研讨会在重庆召开。江碧波在会上进行了题为“版画艺术之‘板’与‘活’——在版画变革中的思考”的艺术讲座。在会上，江碧波给每位参会老师都送了一本《东方魂》版画图集，此图集中有她大部分的版画作品及在美国创作的重要作品。在笔者看来，艺术创新难，艺术开放更难，自己好不容易拓荒出来的一条心血之路，就这样无私地和同行交流，这得是有着开放的胸襟、自信和胆识的艺术家才能做到的。或许在她的内心深处，艺术之路永远是她追寻的一个过程，名誉、利益不是让她驻足不前的障碍。

从艺术成就上来说，由于这次版画研讨会发端于“江碧波现象”，并由江碧波首创，因此客观评价，这是江碧波版画艺术发展的重要里程碑，奠定了她在中国现代版画界的扛鼎地位。自此以后，全国的专业版画研讨会一直都在延续。在此次研讨会之前，中国版画一直以传统的木刻黑白版画、套色版画为主，此次研讨会后，全国掀起了丝网版画等各种彩色的、新形式的版画创作。江碧波就是这个艺术潮流的起点，她是中国现代版画创作之路的铺路人，是中国传统版画和国际现代版画融合、接轨的领路人。而这种影响不仅限于版画界，更广泛地波及艺术界其他领域，带给艺术界更多的想象和创作空间，激发整个艺术行业推陈出新、迸发新生。

第六章　追寻无上的快乐

搁浅的木船
只有船桨和星星做伴
晨辉迎来了潮汐
让她再次扬帆
哪怕无人拍桨
船依然与天水相伴
逍遥快乐
自然而然

□1. 接受难以自主的必然

江碧波的父亲是她心目中最亲近、最高贵、最有尊严、最慈爱的人。在1989年，他安详地走完了坎坷、奋争、不平的人生。

父亲的去世对江碧波来说，犹如生命之星离去的痛感和失落，这已不是一般的想像所能形容。在父亲去世后不久，她的丈夫，与她相互支撑了31年的孩子的父亲，却向她正式提出离婚的要求。对她而言，仿佛看到生命之路的前方出现了一片空洞,这是真实的吗?她还不能理解两个人的世界中各自不同的心路,她为之挣扎过,试图抓住实已不可实现的理想中的圆满,甚至考虑放弃自己在艺术上的求索。她无可奈何又痛苦地支撑了四年。终于,她的丈夫以没有感情为由,向法院提出离婚起诉。

江碧波曾因自尊维系家庭,此时,她也因自尊而接受婚变。改变的现实必须接受,内心的诸多涟漪,都在叩击着她的心灵。这每一次叩击,都让她不得不构建新的自我,思考人生终极的使命。有幸的是碧波万顷平静后,她历练了一颗水晶心,她选择将人生的价值寄托在对艺术更为执着的追寻上。如今回忆起这些,江碧波对笔者说:"我觉得我的离婚对我来说是个很大的屈辱,但后来,我仍然接受了这难以自主的必然,人生有缺憾很正常,月亮不会总是圆的。我觉得我的个人命运本身就像是社会现象,我不看成是个人的不幸和悲哀,个人的经历本身就已经是社会的一个部分,这就是我们这个时代出现的问题。即使是孤身一个人,我总要有自己一个人存在的意义,要考虑自己要如何过得有意思,人总要选择一个人自己的活法。我觉得我自己能够做些什么就要去做些什么,要有一种良好的状态。"

她很快就振作起来,理出思路,重新做一个内心坦荡、真实的人,勇于独立创造和探寻艺术的自我。为此,她做了一个勇敢的决定。

首先,她决定公开自己不再是叶毓山的夫人,她不知不觉地走进了重庆日报社的大楼,当记者问她是否公开这个私人新闻的时候,江碧波同意了,因为她不想接受所谓"月光效应"。

第二件事,是她决定要回《歌乐山烈士群雕》的主要著作

权，以法律武器捍卫自己的权利。熟悉江碧波雕塑风格和造型艺术的人们都能发现，从《歌乐山烈士群雕》的造型设计和气质特征都能看出这是出自江碧波之手，她当之无愧应该是第一作者。她的朋友亲人都非常支持她这样做。

当时叶毓山是四川美院的院长，在整个四川美术界有着极大的影响力和公信力。不仅如此，不了解内情的人们也会去质疑，这位因版画著名的女画家到底有多大能耐，能够跨越不同的艺术领域，创作出这闻名全中国的经典雕塑？虽然这场官司一开始看来十分难打，但事实胜于雄辩，法律面前只看证据，作品背后不为人知的真实情形公之于众，人们也清楚地认识到江碧波跨界创作的雄厚实力，并再次惊叹于这个外表温柔、美丽的女子内心巨大的勇气。最终，法律判定江碧波为《歌乐山烈士群雕》的第一作者。

《歌乐山烈士群雕》

一个四川美院的女教授，为了争取自己的合法权益，与本学院一把手对簿公堂，这需要多么强烈的信念和勇气。而作为一个女人，敢于坦诚地面对自己的过去，敢于公开、真实地剖露自己，争取自己的权益，这也是相当不容易的。或许正是山城——这座以辣椒和高温闻名的城市，炼出了她果敢的性格。她要放胆用她曾经创作的雕塑做基石，以一个“新锐”雕塑家的优美姿态，坚定、从容地亮相！

□2．开辟一方净土

经历过几年的人情变故，已经50多岁的江碧波感到十分疲惫。身在曾经熟悉的环境中，她也承受着巨大的精神压力。据她的学生涂国洪回忆：“1990年，加拿大驻华使馆在四川外语学院举行与加拿大文化周相关的酒会。会上，我巧遇江碧波教授。是时的她一反往日的轻松和舒展，话语不多，神思不定，步履有些沉缓。自那以后，我很少见到她。只是从旁听说她正在经历一场铭心刻骨的个人生活变故。又因为她是‘名人’，自然会招致媒体关注。好事的媒体在渲染她个人生活变故的同时，亦渲染了她的创作‘变故’——那就是她作为一个新锐雕塑家脱颖而出。”

对于这纷纷扰扰的一切，江碧波感到十分愤慨和无奈。她想换个环境调整自我，想寻觅一块远离喧嚣的幽静美丽的隐居场所，一方面能放松心情，一方面又能帮助自己专心致志地搞新创作，而她这一阶段的创作重心已经开始从版画、油画自然地转向雕塑。

她选中了南温泉虎啸口，在这里建立她的第一个艺术创作基地——“碧波艺苑”。选择这里，有两个重要的原因。一是因为江碧波父亲逝世以后，她和母亲就按照父亲的遗愿把骨灰葬在了南温泉的山上。母亲对父亲有着深深的眷恋，一直以来都想在父亲的遗冢边长期居住，陪伴着他。天上人间

虽已永别，但冥冥之中的感念，让一个在山上，一个在山下，却能长相厮守。江碧波为了满足母亲的心愿，决定在这里建立“碧波艺苑”。二是因为南温泉本身环境优美。那个时候，重庆还没有开始城市扩张，当时远离市区的南温泉正是一个依山傍水、静谧舒适的疗养胜地。民国时期，国民党元老林森和宋二小姐就在南温泉山下修建了自己的别墅。经过精心选址，江碧波也把“碧波艺苑”选在了紧挨着林森故居的地方。

这片南温泉山下虎啸口边上的空地，占地约二十八亩，江碧波自己精心规划并组织建设了建筑面积为一万多平方米的艺术山庄。山庄包括几个部分：一是一栋大体量的四层楼房，可供雕塑的制作、展览、陈列、存放之用；二是一栋四层楼的小别墅，作为家居和画室之用；三是一个单独的二层小楼，作为父亲遗容、遗作陈列室；四是平整出了一块空地，既可供摆放大型雕塑，也可以锻炼身体；五是开辟了一块园林景致，兴建了荷塘、池渠、小桥、图腾柱，手植了花草树木。她还亲自指导工人为图腾柱贴了艺术瓷砖，在图腾柱边上亲手种了一棵树，形成了“碧波艺苑”的雏形。

在这片美丽、宁静的艺术庄园里，江碧波渐渐从过去的阴霾中走了出来，重新思寻自己的艺术之路。早在版画创作期间，艺术评论家们就注意到她女性外表下能够爆发出异于常人的阳刚之力，她游走于版面的刀锋充满了刚毅的力度，充满了强悍的劲道，甚至令人心生敬畏之情。江碧波对于自己在创作过程中的独特个性有着更敏锐的把握，她在考虑和尝试，也许用雕塑这种方式更能释放自身独特的艺术个性。

其实江碧波从事雕塑的经历，由来已久。

2003年江碧波在创作基地"碧波艺苑"与母亲和兄弟姐妹在一起

在20世纪六七十年代，她就开始将刀锋从版面上转移到泥坯上，寻找关于空间力度的表达形式。在四川美院学习、工作期间，她对我国雕塑前辈刘开渠先生和新中国培养的第一批雕塑家如付天仇、钱绍武、程永贤、赵树同、郭其祥、潘鹤、伍明万等有较深的了解，也因和雕塑家叶毓山共同生活、创作，使她有很多机会参与研究并着手实践雕塑作品的制作与创作。

20世纪80年代，对于江碧波来说是一个开放性的、多向性的艺术开拓与综合发展时期，也是她在雕塑领域的绽放阶段。江碧波首先完成了《歌乐山烈士群雕》的设计制作，完成了成都锦城艺术宫《华夏蹈迹》的线刻石雕作品，完成了《重庆市南山公园花神》石雕，创作了《山女》木雕，也参加了《春夏秋冬》雕塑的创作。这些创作使她意识到自己潜在的雕塑能力。她旅居北美期间，短短两年时间就开创出独幅版画的全新领域，这也增强了她对自己艺术综合能力的信心。

20世纪80年代末期，她对人体艺术的思考也逐渐深入成型，这既得益于她在创作自然与人系列版画中积累的功底，也来自于她在人体雕塑艺术中获得的宝贵体验。1989年《重庆晚报》刊登了江碧波谈“艺术与人体”的文章。她认为，在艺术的各种题材与形式中，人体艺术是难度最大的，这在于人体本身的奥妙与复杂性。文艺复兴四杰，米格朗基罗、拉菲尔、提香、达·芬奇，用他们超人的智慧、充满活力的艺术，特别是人体艺术的成就，摧毁了长达数百年的禁锢，促进了社会变革。人体艺术在中国，虽然石器时代就有人像彩陶壶和石窟艺术中的全裸天女，但由于长时间受封建宗法的约束，以及封建意识的惯性作用，没有形成人体艺术堂堂正正存在的气候。在社会前进发展中，开放的文化与直面人生的审美将推动人体艺术发展。对于画家而言，她觉得自己有责任通过描绘人体，赞叹人体之美，赞叹大自然之美，促进我国社会更加开放。

到20世纪90年代，在艺术商品化的风潮下，江碧波的色彩画受到了艺术品市场的追捧。她在独幅版画等方面取得的国际声誉，令她的作品赢得了国内外艺术商家的青睐。在那种情形下，她完全可以不去费劲开辟新的雕塑领域，只要沿着版画之路走下去，利益就唾手可得。但是她放弃了这种利益。这源于两个方面的重要原因。一是她对空间艺术雕塑这门学科产生了巨大的兴趣。在她看来，空间艺术雕塑学是一门综合性很强的学科，与美术学、材料学、当代科技、社会学、心理学密切相关。江碧波以一种追求学科深度融合的兴趣投入其中，这使她在20世纪90年代走上了雕塑创作的路。二是她个人强烈的民族责任感和忧患意识促使她去做城市雕塑。在她看来，城市雕塑是一份需要极强社会责任感的工作，无论是纪念碑、城市主体雕塑还是环境景观雕塑，都是一个区域的历史文化的高度凝结，它象征性地维系着人们的共同心理，一旦落成就不属于某个人，而成为一个城市的文化层次、精神状态的“显示器”。好的城市雕塑会潜移默化地影响这个区域，会让一种精神在人们心中代代传承。这唤起了江碧波的热血和激情，她想把自己的真诚投入到民族、时代的发展熔炉中，表现时代，召唤未来，创作出符合更广大人民需要的、弘扬正能量的精神食粮。

现在，她有了“碧波艺苑”这个创作基地，物质条件已经成熟，心情也能够沉淀，她很想寻着自己新的艺术悸动，在“碧波艺苑”这片艺术的热土上，实现生活上的更新和艺术上的转型。在美丽宁静的温泉之畔、青山之下，清幽寂静的外在环境蕴含着江碧波轰轰烈烈重新创业的雄心。美丽、优雅而充满魄力的女主人借助这片奇山异水的纯净灵性，再一次焕发出奇异的光彩，而她的人生，也养成了更多洒脱的气息，展现出一个女性大气坦然的美。

□3．在雕塑的天地乐此不疲

俗话说：“不精一艺莫谈艺”，精一艺而触类旁通则是常例。江碧波先在版画艺术上取得成功，继而在雕塑艺术上半路出家，能在短时间内运斤成风、游刃有余，这离不开她扎实的造型、人体艺术基本功和高妙的悟性。

在 1992 年开始的十几年间，她在“碧波艺苑”创作了几十个不同主题的雕塑作品。这些雕塑作品取得了社会的广泛认可，有的用于展览馆陈列，有的用于纪念碑公共教育，有

的成为广场主题雕塑，还有的被广泛用于高校、公园等其他公共文化空间。“碧波艺苑”简直成为了一个“城市雕塑生产基地”！从这里走出去的每一个雕塑作品，都把江碧波对自然的热爱、对人性的呼唤、对崇高信念的推崇传达到了社会的各个角落，春风化雨般地润泽了大众的心灵。

从作品类型上来看，这些雕塑主要分为四种类型：表现人与自然的系列作品、表现英雄主义的系列作品、表现历史人物的系列作品和表现母性温情的系列作品。

人与自然系列作品着意于表现人类翱翔宇宙、探索自然、融入自然、迎接未来的感觉。这一系列的雕塑以抽象和具像相结合的表现手法，将日月星辰、闪电云雾、飞鸟、花果等自然意向和人体艺术结合，阐释了天人合一的和谐理想关系，在自然的寓意中表达了人们积极向上生长的状态，人类如植物从泥土升向天空，仰望苍穹，充满了欢欣和期待。这一类型的作品兹列如下：

年份	作品	地址
1994 年	《晨辉》	遵义市中区丁字口城市雕塑
1995 年	《华桦青春》	璧山华桦艺术学校
1998 年	《渴求、朝阳、迎风、苏醒》	重庆大学人文艺术学院前庭
1998 年	《天运之赋》	重庆江北区嘉陵广场
1999 年	《重庆大学“挑战杯”主会场主体建筑浮雕》	重庆大学
2000 年	《云燕》	重庆谦江校园雕塑
2000 年	《宏宇》	重庆重型汽车厂大门
2000 年	《飞向未来》	重庆市农业技术学院
2000 年	《世界和平纪念碑林》	重庆万盛石林
2000 年	《灵水》	巫溪县广场雕塑
2001 年	《21 世纪畅想曲》	重庆出版社
2001 年	《春华秋实》	重庆邮电学院校园雕塑

英雄主义系列作品源自她的英雄情节和对雄浑之美的特殊敏感。这份敏感来自于一个柔弱得似乎有些自卑的阴柔女性，反而能爆发出比男性艺术家更为震撼人心的气质——业界评论家称其作品具有“金石气”。这些作品往往依托近现代波澜壮阔的历史题材，为军人、革命家、牺牲的无名英雄塑像立传。她的这类作品与牺牲、死亡等人类共同的母题密切联系，表现在生死之间人的抉择和内心的信念，表现出渺小的个人将生死置之度外的永恒精神。这一类型的作品兹列如下：

年份	作品	地址
1994 年	《唐赤英烈士》	
1994 年	《勇往直前》	浮屠关驻渝某部队大门
1995 年	《难忘的记忆》	为南京大屠杀纪念馆设计
1996 年	《魂归故里》	贺龙 100 周年纪念
1997 年	《血染长城、黄河咆哮、狼牙山壮士、宝山决战》四壁浮雕及《喋血中华》主题单体雕塑	北京中国人民抗日战争纪念馆
1998 年	《解放全中国》主题雕塑及《井冈山战斗、百团大战、抗美援朝》高浮雕	彭德怀纪念馆雕塑序厅系列
1998 年	《海啸》	宁波镇海海防历史纪念馆
1999 年	《走向世界——青年邓小平》	重庆 29 中
2001 年	《在那遥远的地方（王洛宾像）》小样	中国美术馆收藏
2002 年	《红军万岁》	遵义红军烈士陵园大门雕塑
2002 年	《遵义辉煌》	遵义凤凰山文化广场遵义历史群雕系列
2002 年	《钢铁长城》	宜宾某部队

江碧波在彭德怀纪念馆自己创作的雕塑作品前讲解

其中尤其值得一提的是她在 1997 年由中国军事博物馆、艺术景观设计师夏书珅介绍，应邀为北京卢沟桥中国人民抗日战争纪念馆创作的《喋血中华》系列雕塑。该作品的主体雕塑塑造的是一位在抗战中倒下的无名英雄——他倒在大地之上，但手执的钢枪却直冲云霄。英雄的脸深情地紧贴大地，似乎已经和泥土化为一体。该主雕塑布局于抗战纪念馆英烈厅的中央位置，围绕在它四周的墙面是大型红色花岗石效果的浮雕，由四个板块构成：血染长城、黄河咆哮、宝山战役、狼牙山壮士，分别以典型的国民党战场和共产党战场的战绩为题材。少先队员参观时，纷纷向无名英雄的雕塑献上鲜红的红领巾，形成了英雄倒在凝固的血泊之中的效果。当时在位的日本首相桥本龙太郎曾经到访这里，不禁在这个作品前低头默哀，参观结束后，写下“以和为贵”四个大字。正如一个评论家所说，这或许是出自于人类普遍的英雄情愫和对牺牲精神的膜拜。作品产生的强烈艺术震撼力超越了国界，让世人产生普遍的共鸣，这就是真正伟大的艺术的力量。

江碧波认为，一个真正的艺术家可以跨越多个艺术领域，用内心的力量创造出真正深入灵魂的艺术作品。艺术家首先要真诚地表现自我，才能让观众从作品中回归本我。对于一个亲历民族灾难之痛的艺术家来说，凡是遇到能激励社会民众抗争精神的重大创作题材，江碧波总是不遗余力。这种情节已经超越一种艺术表现的执念，上升为艺术的情怀。为此，她可以毅然改变早已确定的日程安排和计划，放弃很多重要的事情，为了完成《喋血中华》的雕塑创作，她辜负了一位国际友人的诚挚邀请。在接受这项任务前，她答应了美国“中华人民共和国之友”协会主席格罗斯曼先生的邀请，准备赴美国相聚。格罗斯曼先生已经给江碧波购买了太平洋航空公司的机票，告知她在一个月之内的任何一天都可以登机飞往美国。可是在这时，江碧波处于创作《喋血中华》的热情和执着之中，她放弃了美国之行，辜负了美国友人对她最真诚的情意表达。多年后，当她获悉格罗斯曼先生在美国去世，心中不禁涌出无限的怀念和遗憾，这凝为横跨大洋、永世不息的友谊之光。

在这一类作品中，江碧波为祖籍宁波镇海雕塑的抗击英国侵略纪念浮雕《海啸》也可圈可点。江敉自离开宁波，远赴内地以来，一直牵挂着家乡，他经常对女儿江碧波讲述故乡的历史。在江敉看来，宁波在历史上是个英雄辈出的地方。海岸线几百年来历经外族侵略，常常浊浪滔天、硝烟四起，这里既经历过奇耻大辱的时刻，也经历过扬眉吐气的时刻。受父亲的影响，在1998年的时候，江碧波就以平民抗倭英雄为原型，为故乡雕塑了浮雕《海啸》，用以纪念镇海口抗击外来

侵略的英雄们。这座浮雕被镶嵌在宁波镇海口海防历史纪念馆的墙体上。那一年，她曾牵着母亲的手，行走在父亲出生的这片热土上。在辛涩的海风中，看着母亲被海风吹起的白发，与招宝山炮台相对无言，她仿佛在故乡的涛声中，听到了百年来不甘屈辱的怒号和忧国忧民的长啸。

江碧波的雕塑还着意于表现历史传说人物，该系列源于她对传统中国文化的一贯挚爱。在兴趣的推动下，她开启了历史的大门，展现古代华夏历史的辉煌事迹。她的绝大部分作品为单体雕塑，还有不少为大型浮雕作品。在开创这一主题作品的过程中，她发现了自己把握历史画面的构图能力，发现了寄托家国情怀的最佳方式。在这里，她可以充分展示自己对历史的个人见解，这对她后来创作《上下五千年》等国画作品影响深远。这一类型的作品兹列如下：

年份	作品	地址
1993 年	《哪吒系列》(小样)	
1993 年	《玄舞》(小样)	
1993 年	《宜宾长江大桥雕塑——南丝绸路、酒香万里、哪吒闹海、川江号子》	宜宾桥头
1994 年	《关云长》	碧波艺苑
1994 年	《朱熹办学》	福州市图书馆前厅浮雕
1996 年	《华豫之门》	河南省博物院序厅主题雕塑
1996 年	《会盟台》	河南濮阳市
2001 年	《螺主》(小样)	
2002 年	《千年聚会》	三峡库区奉节新城设计

作为两个孩子的母亲，江碧波还创作了不少表现母性温情的佳作。女性特有的母爱在她的作品里显得格外柔和、温婉、可爱。很多艺术评论家发现，从这里看到了江碧波女性

化的一面。从表面看，这似乎和她的阳刚之气相悖，但一位评论家说得很有道理："正是其女性化倾向，她才那么崇尚充满阳刚的英雄主义，正是她那么崇尚阳刚的英雄主义，才反衬出她的脉脉温情……一句话，刚柔相济，互为因果。"这就是辩证法和道家阴阳哲学在她身上的完美体现。这一类型的作品兹列如下：

年份	作品	地址
1992年	《山鬼》(屈原诗意雕塑)	
1993年	《引鹿观音》(根据敦煌故事创作)	
1995年	《托起未来》(为世界妇女大会而作)	中国妇联大厦
1996年	《清溪》	少数民族生活浮雕(为长江旅游船设计)
1996年	《小活佛》(汉白玉　收藏家收藏)	
1998年	《苗家谣》(城市园林雕塑)	遵义
1998年	《宝宝乐》(浮雕)	重庆儿科医院门诊大厅
1999年	《吉象》	遵义市街心园林雕塑
1999年	《夺奶子》(园林雕塑)	遵义
1999年	《上学》(园林雕塑)	遵义
1999年	《猩猩与苹果》(园林雕塑)	遵义
1999年	《巴山之子》(园林雕塑)	遵义
1999年	《学步》(园林雕塑)	遵义
1999年	《牛背上的书娃》(园林雕塑)	遵义
1999年	《母与子》(园林雕塑)	遵义
2001年	《长江母亲》	重庆三峡学院
2002年	《过去、现在、未来》(浮雕)	重庆人民小学
2002年	《甘为人梯》(雕塑)	乐山市犍为中学

2003年，重庆出版社出版了《用艺术对话，江碧波雕塑》，集中展现了她创作的几十个雕塑、浮雕作品。十年的时间，她从一个半路出家的新兴雕塑家，迅速成长起来，硕果累累，用事实打消了人们最初对《歌乐山烈士群雕》归属权的怀疑，

让人刮目相看。用她自己的话说:“我从绘画走到雕塑是我艺术生涯中的一个艰苦而又勇敢的历程,尽管我仍然迷恋色彩魅力,往往也有许多构思在我胸中涌动,但是,我最强烈的,不可扼制的,要喷射出来的创作激情,也只有那在空间独立存在着的、起伏扭动凝聚在一起的、坚硬结实、固而不化的形体才能表现出来。”她的这种冲动引领着她执着、勤勉地创作,其作品数量之多、展览地点之广、影响力之大,令多少一开始就从事雕塑的艺术家都望尘莫及!

著名诗人臧克家89岁高龄时作诗盛赞江碧波的雕塑作品:“凌霄羽毛原无力,堕地金石自有声。”中国美术家协会雕塑艺术委员会主任盛阳说她“刚柔相兼,剑胆琴心”。原中国美术家协会党组书记王琦先生赞江碧波雕塑:“鬼斧神工颂中华,满堂动色嗟神妙。”我国老一辈著名雕塑家、《收租院》主创者赵树同先生说江碧波使他想起已故的国画大师陈子庄说的话:“一个有作为的画家,当他作画时,不要只图师法古人、名人、他人,拘泥于一笔一画秉承出处,而要有‘拿起画笔,老子就是天下第一’的独创气概和自信。”重庆出版社社长李书敏评价她:“(江碧波是)一位与时俱进的现代伟大艺术家。……毫不夸张地说,江碧波用她的心血铸造艺术,不知疲倦地全身心投入到造福社会、造福人民的活动中。她为社会、为人民创造的财富比常人多得多,我们应该感谢她。”

真正的艺术家艺高德更高,江碧波是我们这个时代德艺双馨的人民艺术家,是我们中华儿女的精神脊梁。她值得我们爱戴、敬仰,值得不同行业的人们学习。她的作品见证了永不止息的开创精神和为社会尽责的精神,这是让我们这个民族能够立于世界之林的宝贵精神财富。

□4. 女界英才入盛会

1995年9月4日—15日，联合国第四次世界妇女大会在北京国际会议中心举行，这是联合国历史上规模空前的一次盛会，也是当时中国政府承办的规模最大的一次全球性国际会议。189个国家和地区的代表，联合国系统各组织和专门机构及有关政府间和非政府组织的代表共1.7万余人出席了会议。

江碧波作为重庆地区的妇女代表，入选了81个妇女代表成员名单，参加了这次世界妇女的盛会。为了表达她对妇女的赞颂之情，她创作了表现母爱的雕塑作品《托起未来》，该作品被陈列在中国妇联大楼里，每天都带给各界妇女同仁

1995年江碧波参加世界妇女代表大会

美的感受。在参会过程中，她保持了艺术家特立独行的风范，以创作为宗旨，生动地“描绘”南来北往的各国代表团。来自世界各国的妇女，风貌气质、服饰装扮都充满了女性的美的气息，瞬间激发了她创作的灵感和激情。她不想通过摄像、拍照来记录这一历史盛会，而是要通过自己的绘画来记录和表现。

她在开会现场的走廊边上架起一个画板就开始画。因为她是代表，会务人员也就“听之任之”，她旁若无人地沉浸到快速写生的创作中。她画下了外国记者采访外国妇女代表的生动场景，画下了各国妇女代表在用手势讨论女权运动、反对性别歧视的情境。会开到哪里她就画到哪里。“我也不怕别人看，自己画自己的就是了。”在众多的人物形象中，她特别喜欢画非洲妇女。她觉得她们很热爱生活，很有艺术天赋，很善于在生活当中寻求乐趣。她们的服饰、配色都和我国西南少数民族妇女一样，充满了别样风情，充满了艺术细胞。江碧波根据她们的真实状态，迅速创造了很多刻画生动、造型优美、线条流畅、色彩亮丽的作品。

有了这次妇女公益活动的经历，在重庆，她与妇联人士能够更密切地交流，她开始关注并致力于妇女公益事业。20世纪末至21世纪初，江碧波为了促进重庆妇女事业的发展，发起了“碧波杯”重庆女子书画展，并亲自设计了奖杯。展览在重庆国画院展厅展出，她的这批在世界妇女大会上创作的速写作品也随同这次展览首次在渝展出，向重庆妇女形象地展示了世界妇女大会的盛况。从这一年开始，“碧波杯”重庆女子书画展几乎年年举办，成为重庆妇女提升艺术修养、展示自我风采的一个良好平台。不仅如此，江碧波还更广泛地关怀社会弱势群体，开始从事扶贫事业，对贫困山区巫溪县白鹿乡樗木镇小学定点扶贫，把自己的个人积累播撒到社会上更需要她的地方。她的母性情怀化作对社会的责任，从艺术领域拓展到更多方面。

第七章　奉献艺术教育

山泉水清
苗木葱茏
甘霖给养了泉眼
流水滋润了石头
长出了这棵树、那棵树
然后收获了
一季金秋

□1．创立重庆大学人文艺术学院

在江碧波的艺术事业如日中天的时候，她的事业迎来了一次大的提升——她从一名优秀的艺术教师升级为主导办学的主持人，开始在艺术教育的舞台上实现自己多年来的想法。1997 年，她受到重庆大学校长吴中福的邀请，离开四川美术学院，到重庆大学创办人文艺术学院，并担任创院院长。

重庆大学创办于 1929 年，1933 年校址稳定在沙坪坝区以后，很快全面发展起来，1935 年为四川省立大学，1942 年成为国民政府时期的“国立重庆大学”。当时，该校是一所有文、理、工、商、法、医等六大学院的国内外知名综合性大学。1952年前后，全国高校院系调整，重庆大学的文、理、商、法、医五个学院及工学院中的土建系、化工系等被调整到其他高校，重庆大学由一所综合性大学变成一所以机械、电气、动力、采矿、冶金等专业为主体的工业大学。1997年，重庆成为直辖市，借助这一大好时机，重庆大学希望逐步恢复综合性大学的教学体系，提升重庆大学的综合实力。在这样的思路下，校领导们一直也在寻觅一个契机去重塑重庆大学深厚的人文艺术传统，实现文理学科的交汇发展。

那时，江碧波正在南温泉畔的"碧波艺苑"从事城市雕塑方面的工作。有朋友引荐她与当时任重庆大学校长的吴中福先生相识，短暂的交流启发了吴校长关于创办重庆大学文科学院的思路，他提出邀请江碧波与重庆大学合作的建议。江碧波收到重庆大学的办院邀请以后，慎重地考虑了自己是否合适这一重要的岗位。一方面，她深深感到雕塑是一门综合了艺术学、材料学、力学等学科知识的工作，要做好雕塑，就需要学习、掌握新的知识，从个人愿望出发，她对打通工科和艺术两个门类的学科产生了浓厚的兴趣。不仅如此，已经从事了多年教育工作的江碧波一直以来就非常希望自己能开创出一块适应新的时代的教育领域，为社会培育出更符合时代需要的艺术人才。她在国外访学期间，曾经尝试过电子绘图艺术创作，和一位熟悉该领域的美国教授联手创作了很多精彩的作品。从那个时候开始，她就深深感受到在现代化的科技时代，用高科技手段去表现艺术将是时代潮流。多年以后，她有了自己办学的机会，她多么殷切地希望能够站在时代的前沿，再一次做时代的弄潮儿，并培育出更多适应新时代的艺术人才。这两方面的原因促使她欣然接受了这一

艰巨的创院重担。

1998年，经过江碧波的精心筹备，重庆大学人文艺术学院正式挂牌，这标志着重庆大学作为211工程大学，再次成为综合性大学，因此亦受到重庆市委的高度重视，直辖市第一任书记张德邻同志亦亲临人文艺术学院开办仪式。江碧波自己的组织关系全部从四川美术学院转入重庆大学。她开始全力以赴地主导筹备工作，一切从无到有，需要全盘仔细考虑。

首先是考虑学院选址问题。重庆大学沙坪坝本部里面有几栋历史悠久、造型古朴的教学楼，其中，第一教学楼位于中心位置，人文精神浓厚，艺术氛围浓郁。江碧波和校领导商议，建议把这里作为人文艺术学院，校领导十分支持这个决定，这里就成为重庆大学人文艺术学院的重创院址。

在学院选址的同时，江碧波也在构思如何特色化办学，构建怎样的教学体系。在重庆或者整个西南地区，四川美术学院具有美术方面的综合性优势，雕塑、版画、国画、油画等专业都积累多年，拥有众多资深艺术家，发展成熟。而重庆大学人文艺术学院作为新兴的艺术类本科院校，如何才能利用本校优势差异化办学，并开创出引领艺术学科潮流的新方向，"不鸣则已、一鸣惊人"？经过再三思考和论证，江碧波选择的道路是在夯实美术基础学科的基础上，利用重庆大学的工科优势，建立和工业技术、软件技术密切相关的艺术专业。

1998年建院之初，江碧波就在重庆大学老的工业设计系和人文教研室的基础上，建立了工业设计系、环境艺术设计系和装潢艺术设计系，这是技术、艺术、生产高度融合的实用性专业，依托重庆大学强大的工科背景和学科底蕴，培养的学生将有更强的产品造型、环境设计、平面设计能力。事实证明，这条道路选择得非常正确，自1998年首次招生以来，学校的学生很快就在全国和省部级各类设计竞赛中获奖，学生一经毕业就获得了社会的广泛认可。重庆大学人文艺术学院差异化办学、优势化办学、现代化办学的思路取得了成功。

1999年，为了适应我国媒体传播业的发展需要，江碧波又引进了新闻传播方面的师资力量，创办了新闻系。2001年，她为了夯实学生的艺术基础，增设了专业的绘画系，设立了油画、国画两个专业，一中一西既开展了专业美术教育，又提升了设计系学生的美术基本功。2003年，人文艺术学院还增设了中文系。

江碧波(左一)创立重庆大学人文艺术学院期间廖静文(左二)来访

在课程设置上，采取几个学科方向互相渗透的方法，跨越式培养学生的文化艺术综合实力。学校教育共同依托于重庆及中国西部深厚的历史文化积淀，以及重庆大学的科技和国际教育优势，开展对巴蜀文化、抗战陪都文化及相关文化产业的研究，培养具有国际交流能力的文化艺术传播的、新型人才。江碧波作为学院院长，亲自投入到这些学科的教学体系构建中，把自己个人丰富的学习体验——综合性、跨领域性、强调创作、不拘一格的特点融合到重庆大学人文学

院的教学思路中。在她的精神引导下，学子们吸取了充分的精神营养，朝气蓬勃地迈向未来。

□2．快乐为师表风范

在办学过程中，江碧波作为学院院长，不仅在宏观大局上把握学院前进的方向，还要为各种手续和具体事务四处奔波，此外，她一有时间就走上教学第一线，亲自指导学生们学习，如春风化雨般滋润着幼苗的成长。

据重庆大学人文艺术学院青年教师余洋回忆，1999 年正值学院刚刚建立，江碧波作为一把手，就亲自给学生们教授雕塑基础课。重庆的天气，一年有 150 多天都是阴天，其中又有将近一半的时间在下雨，尤其是秋天，更是秋雨绵绵。但下雨并不影响江碧波给青年学子们继续上课。一次，江碧波带着孩子们，在蒙蒙细雨中，在室外雕塑场地上搭建雕塑用的脚手架，爬上爬下地做雕塑。他们不仅没有因为阴雨天而颓废，反而因为在雨中露天授课而兴趣盎然。这给学院新进的青年教师们留下了深刻的印象——师表风范当如此，做老师本身就是一件如此单纯而快乐的事情。

她不仅十分关心学生，还十分关心新进青年教师人才的生活和事业发展，甚至牺牲个人利益做教师们的坚强后盾。据重庆大学新闻系教授彭逸林回忆，1998 年办学之初，经济条件远不如现在，很多工作特别是人才队伍建设工作开展起来十分困难。那个时候，作为院长的江碧波，亲自引进了师资力量，但是到年底的时候，由于人事手续办理时限等原因，奖金不能落实，江碧波于是自掏腰包，筹出 15 万元给大家发奖金，帮助学院度过了这一困难的创业期。不仅如此，江碧波还非常支持新进教师们的工作，让他们放手干，但凡需要和校领导协调的工作，她都全力承担，排除万难，为重庆大学文科事业的起航争取到更多的资源。

在办学理念上，江碧波崇尚"创作为主"，主张引进一些艺术上有突出创作能力、有禀赋的艺术家来执教。这种不拘泥于形式的办学理念和重庆大学这个老牌工科院校崇尚"规范为主"的严谨风格有着巨大的差别。为了促进人文艺术学院的发展，她常常需要协调艺术和科学思维的矛盾，据理力争，力排众议。这也使得她在1998—2004年任职期间，始终是顶着各方面的压力推动工作前进。2000年，为了引进著名油画艺术家高小华到重庆大学主持油画专业教学工作，江碧波磨破了嘴皮，做了很多工作。因为高小华先生虽然没有很高的学历，但却是创作成果丰盛、在国内外艺术领域都享有盛誉的知名画家。经过江碧波的坚持和努力，高小华先生终于到重庆大学油画系主持工作，大大提升了重大油画系的国际声誉。

江碧波努力地做的这许多事，并不是为了自己的一念私心，而是为了她对艺术教育的信念，为了那份对事业难能可贵的敬畏之心。所以，虽然在很多观念上与校领导有差异，但是他们对江碧波的坦荡人格、敬业态度和执着精神都十分感佩。2005年，江碧波从重庆大学退休了，但在师生们的心里，江院长始终是他们永远尊敬的师长，她的师表风范已经融入她为重庆大学亲手雕刻的校园雕塑《渴求、朝阳、迎风、苏醒》之中，它在这个有着悠久传统的高等学府里，继续熏陶着一代又一代的学子。

□3．建立艺术职业教育基地

“碧波艺苑”是江碧波的静心之地，这里留下了她太多的美好回忆、无数的辛勤汗水，是她十分眷恋的一个地方。2006年，机缘巧合，江碧波受人引荐，找到了巴南区狮子山一片弃置不用的半山建筑，江碧波被这里优美的环境吸引，经过四五年的努力，也费了不少周折，她在长子叶洲的帮助下，终于把这块地方改造成了她新的工作基地，在2013年的时候，她才迁到了狮子山，她把这里命名为“碧波山庄”。

在江碧波离开“碧波艺苑”的前几年，她已经在考虑艺苑未来的用途。由于江碧波有多年在四川美术学院和重庆大学从事教育工作的经验，她经营“碧波艺苑”以来，身边也聚集了不少艺术家同仁和慕名前来学习的年轻学子。在这样的情况下，她考虑着，何不把“碧波艺苑”这么大的场地和建筑空间利用起来，改造为一所职业艺术学校，为社会培育更多动手能力强的人才？而当地政府也希望江碧波能将这块地方继续留作文化用途，并把艺苑附近的旧街道一并考虑进去，进行整体规划，把南温泉山下这片偏僻的小镇发展起来。

经过慎重考虑，江碧波决定，把“碧波艺苑”的房屋、占地等固定资产无偿提供给有志于从事民办教育的公益人士，并将她在重庆大学人文艺术学院的办学经验移植过来，办起了重庆职业艺术学校。

在她离开“碧波艺苑”，搬到了狮子山居住后，心里总是牵挂着故地学校的孩子们。一有空，她就驱车回到艺苑去看望那里的学生，为校舍建设、维护提出建议。一根电线掉下来了，她督促校工们收拾好；一块玻璃掉了，她吩咐校工们赶紧装上；楼梯栏杆她要亲自摇一摇结不结实；看到楼道上有口香糖，她要求校工们定时清理干净，保持整洁的教学环境。她还常常到学生的教室去视察，亲自教诲学习绘画的学生："你们要从小事做起，画画的基本功很重要，一点一滴都很重要。画的画要保存，反复对比，每天想想自己的进步和收获，慢慢就进步了。你们喜欢艺术，就要在平常生活中，常常想把生活中遇到的人和事描绘到艺术作品中，慢慢要有这种思维状态。养成自觉学习、主动学习的习惯，非常重要。同学们在一个班里面，除了老师教，还要学会同学之间互相学习，互相学习的习惯养好，你们就会成长很快。"江碧波真诚亲切的话语温暖了孩子们纯真的心灵，激励了那些好学上进的年轻人。在他们的眼神里，透露出对未来的希望，对人生的自信。这些精神的感召，远比简单地学习画技更为重要。

在狮子山"碧波山庄"，有不少江碧波的朋友把孩子送到她这里来学习。对于她身边的学生，她不仅关心他们的艺术功课，更关心他们的心理成长。她会给她的学生提供各种各样的课程，让他们增长知识，多思考问题。为了增加他们的人生阅历，她还请老红军来给他们上课。这些生动的、关注心灵的课往往比日常专业课程更有效果。她把父亲江敉和自己一生的学习经验运用在教学实践中，运用在办学的公益实践中，真诚地希望将孩子们培养成德才兼备的栋梁之材。

第八章 探寻华夏文明之源——巫文化

古风依旧的山谷
回荡着神秘的歌号
奇幻的大地
轮回着真实的过往
一朵巫峡的云
一江远去的波涛
处处都是
山里人的传说
蕴藏着未来的奥妙

□1．“道法自然”的艺术追求

20世纪90年代，江碧波将她在很长一段时期内酝酿的艺术冲动赋予了更明确的含义，开始挖掘在巴楚之地有着悠久文化传统的地域文化——“巫”文化，并以此作为她艺术实践和文化资产投入的一个重要方向。

江碧波自幼就在大西南的山川之中生活，她从小就体验了崇山峻岭的野趣，享受了水光山色的滋润，这直接造就了她审美的特质和艺术个性。江碧波曾说过:“我的艺术归属似乎是要回到自然中去,走古代文化研究与艺术创作的道路,保护自然、回归自然是我本人思想在创作中的主题与载体。”

在渝东南的巴山地区,至今仍保留着很强的古风遗韵,在民间依然有史前文化的影响。江碧波在这样的传统氛围中感受到了文化金矿的磁场,她的许多创作母题都源于“天人合一”“道法自然”的思想,散发出古老东方的美学色彩。

她对道家文化和艺术之间的关系的思考,在去北美之前就已经萌发。在早期钻研黑白版画时,她就曾经说过:“中国的老庄哲学是阴柔阳刚互相转化。转化即运动,运动而生万物。生与死、人与鬼、人与自然都在相互转化之中,艺术家就要表现这种可敬可畏的永恒规律。因此,我的画面体现一种人与自然的关系,有的表现得既不是人,也不是石,也不是神,也不是鬼,亦人即鬼、鬼即人。”

1987—1988 年,她在美国和加拿大访学两年,虽然生活环境改变了,但她并未追求国外艺坛的时尚,而是借人之长,更加苦苦追求中华民族的审美境界。她愈加倾心于道家虚灵周运、抱一超绝的宇宙意识和飘逸的美感。

在她的独幅版画《自然与生命》中,她创造了一种瑰丽奇诡的精神幻象,其中人神莫辨,天地混缠,动植交欢,游魂浮空,似乎预言着人类既往的毁灭和在大自然中获取新生。从此,江碧波对融合东西方文化的艺术创作一发不可收拾,开启了她和谐与张扬相结合的艺术生命。

江碧波认为,巫人与自然相处,汲取自然之精气,以花卉草木、兽皮装饰自己,使身体各部机能表达自己的思想情绪,在以形体动态语言代替文字语言交流的时期,其舞蹈动作表

现曾经达到过不可想象的高峰。当时的人相信，通过他们的舞蹈和祭祀仪式可以召唤神的降临，当文明进入有文字可以记录的时期后，流传于民间的敬神跳端公的习俗只是被逐渐淡化了、变异了的余声。她一直觉得，艺术不同于科学，它曾经创造和经历过的辉煌是不可能再被超越甚至企及的。如地中海神话人物的文明、文艺复兴时期的雕塑、中国早期传奇小说的插图，以及至今享誉海外的川剧等，艺术不同于科学的一直向前。艺术是时代的造就，是天地和人性性灵结合的产物，艺术从多方面透视一代代人的生命足迹。而巫文化就是我国远古人类的艺术生命足迹，它如此辉煌，深深地吸引着江碧波探索这一奇妙、原始的艺术领域。

在笔者拜会江碧波的日子里，她曾非常深入地谈过她关于艺术的思考："我是从关注自然和关注生态的角度，特别感受到人和自然的关系应是以自然为伴。中国的文化确实很奇特神秘，但是并不是从先秦有文字记载才是我们的开端，实际上早得多就已经有文化的开端。有些人说我们是依靠神话抒写那段历史，这其实是极端错误的。因为秦朝焚书坑儒，对那一段的历史传说有很大的破坏，但是春秋战国时期的文化水平已经非常高了，医学成就、河图洛书的研究、周文化的八卦易经、诸子百家的思维论辩、楚辞的文学高度等，这些文化都是非常先进、发达的。虽然此前的文化少有记载，但春秋战国时期的成就说明我们远古人类应是非常睿智、活跃的。道家思想归纳出来的东西，是一种对人类本身的终极关怀，达到了一种难以超越的高度，我认为这种文化前期的精彩是不能忽视的。所以我带着仰视的态度、神秘感、好奇心和信心去做这件事，我坚决要干点别人不屑于干的事情，难干的事情。有的人说这是一种迷信，但我不觉得那个时候的文化本身是一种迷信，迷信是后来人们强加给它的说法。特别是早期的道家思想是从巫文化中产生的，那巫文化到底是怎样一种形态呢？所以我想从艺术上去表现它。艺术上，首先我认为它是一种很强劲的想象力、创造力，它通过想象去解说，非常浪漫，非常善于夸张的表达。比如我们戏剧中夸张的花脸，敢于使用红、白、黑的夸张表达，它不是突然出现的，它来源于我们远古人类就会用这种自然色彩，来装饰自己、打扮自己、寻求欢乐、理解自然。第二，我认为中国远古人类的宏观思维的能力很强，非常善于把有形、无形连转到一起，虽然不能很科学地具体把握，但是远古人类已经找到了阴阳规律、自然兴衰的规律，这在西方是没有的，是非常了不起的！我们医学方面也有很宏观的思维，像数学也是很宏观的，这些都是把宏观和蛛丝马迹结合在一起的思维方式。第三，远古人类崇拜自然、崇拜万物、崇拜祖先，认为天大于人，人对自然是依附的，而不是凌驾于自然之上的，这在西方也是没有的。”

那些在艺术殿堂中绽放光彩的艺术佳作，没有一件不是艺术思想和高超技艺的结晶。艺术创作者不仅要具有对美的高度感知能力，同时还要能够运用高超的艺术技能来呈现出他们对艺术精神的理解。艺术家要不断地提升自己的艺术精神涵养，不断修炼自己的艺术技能和艺术表现形式。“道法自然”作为古文化智慧的基础，直接导引着中国古代艺术创造的基本脉络及其艺术境界的生成。“道法自然”指向生命存在的本然状态，也必然指向生命的创生精神，是艺术创造的一切法则的依据，只有以“自然”为至法，才能创造出佳作。江碧波的艺术生涯正是深刻领悟了“道法自然”的哲学思想精髓，不仅为其创作的内容和形式增添了生命的活

力，同时也激发了她探索巫文化的热情。

虽然江碧波没有专门作文来阐述她的这些观点，但她把文化现象看得很明白，总是能够自然而然地流露出对文化的理性认识和思考，这正是她艺术创作的源动力之一，是她艺术的精神内核、灵魂所在。在江碧波身上，我们感受到艺术家有怎样深刻的文化底蕴，才有怎样的艺术实践。

□2. 筹建巫文化研究基地

1990年，四川电视台为江碧波拍摄了一组专题节目，摄制组沿巫溪经过大宁河时，她有了与浪漫绮丽的巫文化的首次“触电”。以后的十多年，她往返那个神秘之地的次数多达三十余次。在小三峡，在巴楚交界的神农架，那荒芜了的古镇、盐场，绝壁上的岩棺群，千年旋转的水车，激流古道，悬岩的栈道，还有野猪出没的村寨，都在向她述说着这里曾经发生过的故事。盐泉、山野峡谷、巫师集聚的洞窟，都在证实这是远古人类的乐园。这些鲜活的历史遗迹时时刻刻都激发她进行思考，激发着她的热情。

然而，巫溪是三峡贫困区中最贫困的区域，虽然景色优美，空气清新，非常适合旅游业的发展，却苦于经济不发达，资源开发存在诸多困难。1996年，江碧波去巫溪考察，与巫溪县委书记进行座谈，他想通过巫文化发展巫溪县旅游产业，而江碧波也一直在考虑以文化带动旅游、以艺术助力扶贫，二人的思路一拍即合。在那以后，江碧波再三考虑，拿定了主意。在她看来，做文化产业的资金投入不像搞工业的资金投入那么大，而且，文化可以给当地留下永久性、标志性的艺术品，小投入、大产出，而且还十分环保。于是她多次深入三峡库区这片经济不发达的地区进行考察，最后选定了中华远古巫文化发祥地之一的巫溪，进行远古巫文化产业的开发和研究，同时在这里建立一个巫文化的文物、历史、文化研究基地。

对于一个靠自己的创作一点一点积累起来的艺术家来说，这一选择无疑是冒险的。江碧波既需要相当的胆识、魄力和持之以恒的毅力，又需要将自己的大量资金投入进去。很多人听说江碧波决定投资巫溪这片贫困山区，都纷纷表示不能理解，甚至有很多江碧波的亲朋好友都来劝阻她不要凭着一时的“乌托邦”思想做出这么不着边际的决定。但人们发现任何出于经济考虑的劝阻都不能打动她，江碧波依然决定从自己的兴趣和责任出发，投资了 2000 万元左右，营建了巫文化研究基地，同时，还开辟了一块地方，作为引导贫困山区人民发展当地旅游产业的实验地。在那个人们的视线都投向沿海经济发达地区，思考着如何能赚钱的时代，江碧波却配合重庆市政府沿江文化开发战略的需要，默默地履行一个艺术家追求艺术本源之真、善、美的“文化下乡”扶贫行为。十几年来，江碧波一直在持续推动巫文化事业的发展，倾注她的热情。

1998 年，江碧波在重庆创办了“重庆远古巫文化研究会”并担任第一任会长。同年 5 月，江碧波自办的重庆碧波艺苑公司开始着手巫溪基地的筹建工作。为了筹建基地，六十多岁的江碧波经常坐一夜的汽车，在巴东的盘山路上颠簸着前往巫溪。她在汽车上休息，早上到了巫溪揉揉眼睛就开始工作，就算在那样的状态下，她依然可以保持着充沛的精力，从早上一直工作到晚上，吃过晚饭再驱车赶回重庆。他的司机

回忆说："陪同的人都受不了，但是江碧波就是这样的。"她不仅自己全力投入，还积极调动人脉资源，集合多方面专家，研究、论证远古巫文化的历史脉络和造型依据。再三论证后，决定建造一座四层高，建筑面积 6000 平方米的城堡式综合艺术展示楼为主体建筑，江碧波将此地命名为"汉风神谷"。10 月，"汉风神谷"开土动工，施工面积达 12000 平方米，建群楼三座，护河堤 600 米，道路基础 1000 平方米。2000 年 6 月，该基地正式建成。

"汉风神谷"不仅是一个巫文化研究活动中心，还是一个集合了当地文化遗迹的博物馆。博物馆内陈列了造纸技艺、岩棺及江碧波的巫文化艺术品。"汉风神谷"保存有民国末年建造的蔡伦式造纸作坊遗迹。作坊虽然简陋，但古色古香，备料浸泡、砸纸浆、舀纸、纤纸、晒纸等整个过程十分古老、原始，能反映出中国古代人民的聪明才智。悬棺葬涉及民族学、历史学、民俗学、宗教学、民族生态学、体质人类学等多种学科，在这里进行了集中展示。江碧波以栩栩如生的雕塑、精美的国画、陶艺品和五彩缤纷的服饰等艺术作品对传说中的十巫形象进行了展示。到这里来参观过的游客，都对这个将人工与自然巧妙结合的巫文化博物馆肃然起敬。

江碧波还为这里专门设计并制作了一座古典和现代合二为一的新型雕塑——《气口》。《气口》立于两座大山之中的风口，既是天然山体之门户，也是"汉风神谷"向四周展开的中心位置，所以命名为"气口"。江碧波用了一具废弃的锅炉为原材料，用电焊切割的方式，重新设计并组合焊接，成型后再着色处理，使之成为富于神秘色彩并与原始文化和山川野趣相吻合的现代艺术品。《气口》雕塑高 6 米，它的造型有动画机器人的幽默，其色彩运用野兽派的强烈对比，显示出原始的浪漫与纯真。这巨大的头像背靠大官山脉，直面山谷、向着大宁河，山涧潺潺溪流就在它脚下冲向河谷，有时候谷滩上刮起一圈圈的旋气，把地上的树叶吹向高空，就围绕着这个雕塑翩翩起舞。这种雕塑和自然现象相互作用的奇异美感让每一个来参观的人都感到艺术作品似乎充满了“神秘的妖气”，这也正体现了江碧波在环境艺术创作方面的独特慧性。

江碧波与巫文化研究基地工作人员在雕塑作品《气口》前合影

2000 年 4 月 9 日，为了继续宣传巫文化，江碧波在“碧波艺苑”举办了“重庆远古巫文化研究所”成立会。同年 6 月，首届“中国重庆远古巫文化艺术节”在巫溪县盛大举行。作为重庆远古巫文化研究会会长、重庆大学人文艺术学院院长的江碧波在成立会上不由感慨道：“巫溪县是巫文化发祥地，巫文化是华夏文化源头，这里有奇特的人文景观和丰富的旅游资源。文化、艺术节着力于扶持国家级贫困县，通过发展

巫溪远古巫文化特色产业，实现‘以文促经、旅游兴县’。研究会将以巫文化为切入点，找到知识与生产力结合的契机，开发巫文化产业，为民造福。”同时，江碧波还希望通过对巫文化的研究，对中国远古神话的创作，让世界更加了解中国，让更多的现代人、中国的青年人了解中华民族的童年，为人类的童年喝彩。2007 年，恰逢中国俄罗斯年，俄罗斯艺术团到北京演出并举办展览，在温锦华先生的引荐下，江碧波与俄罗斯艺术家结下友谊，俄罗斯艺术家盛情邀请江碧波在俄罗斯中国年之时到莫斯科去举办展览。

2014 年 7 月 8 日，远古巫文化研究会主编的《华夏神源》杂志首发仪式在江碧波的巴南狮子山“碧波山庄”召开，为推进巫文化的研究和发展继续增力。在那次记者采访中，提及正在发掘和弘扬的巫文化时，江碧波像个孩子般兴奋：“巫文化是我这些年投入了相当精力去发掘的一种失落的古文化，这是我信仰和愿望的见证，也是为纪念我们华夏祖先所铺垫的一块基石，它将是我几十年艺术生涯中浓墨重彩的一笔！”可以感受到，“巫文化”给她带来了艺术的活力，带来了灵性的方向，而她是如此纯粹、热忱地去实践她心中的文化理想，让每一个亲历的人都感佩难忘。

□3．从艺五十年，策展重庆三峡博物馆

江碧波以巫文化为主题的创作主要包括水墨人物国画和雕塑两种形式。在十年左右的时间里，她陆续搜集各种艺术元素和基础材料，创作了诸多作品。

在寻找具体艺术形象的过程中，江碧波充分吸收了民间

传说故事。《灵山十巫》是她集中展现巫山地区传说人物的国画代表作。十巫包括“巫咸”“巫即”“巫盼”“巫彭”“巫礼”“巫姑”“巫真”“巫抵”“巫谢”“巫罗”，都是巫文化研究会的学者们从文献上、考古资料中搜集归类的艺术形象。江碧波以此作为依据描绘的这些传说人物，带有明显的“写意现实主义”风格。画作布局乍一看，人物排列有些杂乱且模糊不清，但细看之下，其色彩对比强烈，既充满“冥通天地”“道法自然”的老庄韵味，又有挥毫而就、狂洋洒脱的“徐渭式情怀”。

除了《灵山十巫》以外，江碧波还创作了巫文化系列国画30余幅，以远古人类生活中种种场景生动展现了巫文化内涵。

《天赐盐泉》描绘了远古人类感谢神灵上苍恩赐盐泉的场景。盐对于人类的生存有非常重要的作用，古话说：盐生百味、盐生精气。若缺盐，人们将无精打采、手足无力。远古时期，祖先们非常看重盐的力量，他们在祭拜神灵，感谢上苍恩赐盐泉时，会用一貌美、健康的年轻女子祭拜。该作品便是描画了这样一幕祭拜之场景。全画以正在盐泉洗浴的少女和白鹿为中心，白鹿则是传说中引领远古巫人来到盐泉的神鹿。画面上，只见白鹿飘然而至，盐泉从山顶倾泻而下。一位少女正沐浴在泉水中，人们则虔诚地跪拜在盐泉前祈祷。作品表现了人们对上天的淳朴感激之心以及人们对美好生活的向往与追求。

在《寻觅》的画面上，有一个粗大的巫字形体，中间有一男一女，江碧波曾解释说：“在巫文化中，巫字上面一横代表天，下面一横代表地，相连于天地之间的两个人字，就代表人类的男人和女人。”一句话便道出了巫字的内涵，也道出了巫文化中所包涵的天人同构、天人合一的精神。

作品《舞者乐师也》中，江碧波使用狂放笔力，简练的艺术语言，表达了原始的舞蹈活动。画面上，一位放浪形骸的舞者乐师，正手舞足蹈地发泄出自己心底对自然生活的热爱，表现出了远古祖先们在节庆活动中自娱自乐的舞蹈和招魂仪式的野性张力。同样，《舞者壮哉》描绘了巫师奔放张扬的舞蹈，画面上，成群的男、女伴舞者，围聚一团，伴舞助兴。褐色和青灰色的对比、动与静的对比，欢乐歌舞的热闹场面，情感强烈、感情外露的动作，都充满了生命张力。

另外，《春秋光辉》《天降甘露》《神女十二峰》《羊大为美》《龙骨坡华诞》等巨型国画，都艺术地再现了远古时期氏族社会生活中人类与大自然和谐相处、健康向上的和谐生活状况。

江碧波的这些国画作品不仅是对灵巫主题的开拓，在艺术手法上也有大胆的创新。她敢于突破传统国画对笔墨构图、色彩的某些束缚，善于利用变形、夸张的手法信笔涂鸦、恣意纵横。在用色上，则是五彩缤纷、艳而不俗、光彩照人。人体形象可谓千姿百态、活灵活现——她通过艺术的笔法赋予了作品彰显人体美妙的韵律，把人体生命的美感张扬得如此旺盛、活跃。

雕塑是江碧波灵巫艺术的另一种艺术形式。巫溪县双溪溶洞的《巫师吉宴》《灵巫群聚》等雕塑生动地再现了灵山十巫曾在此邀约聚会的欢愉场面，营造了远古巫师相聚神秘、愉悦的环境氛围。我国老一辈雕塑家赵树同先生曾经对江碧波的巫文化雕塑给予高度评价："我特别欣赏她创作的巫文化雕塑。这个创作，已突破一般雕塑创作和群雕的概念，这是一个自然景观和人文建设相结合，多种学科、多种艺术相汇、相融的浩大工程。'巫文化'雕塑，吸巴山蜀水之灵气，掘远古文化之精英，挥刀斧，握画笔，以天为纸，以地为台，博览中外，深究历史，在老祖宗居住的'巫文化'衍生之地，因地制宜、就地取材、因材施艺，演绎出一幕幕天人合一、古今相融、中西合璧、洋溢民族特色和时代气息，有丰富的思想、历史、文化内涵，充满特殊艺术魅力的艺术华章。"

经过约十年时间的努力和积累，江碧波创作了上百个表现此题材的作品。2009 年 9 月 26 日，江碧波的"三峡远古巫文化作品暨从艺 50 周年文献展"在重庆的中国三峡博物馆隆重开幕，前来参观的人群络绎不绝。人们被神奇绝妙的巫文化所陶醉、震撼，为之倾倒，对她的倾情力作赞不绝口。在奉献社会的过程中，社会也以宽阔的胸怀拥抱这位无私的、创新的艺术家。巫文化系列作品的展出，已经成为重庆地区有重要影响力的文化事件，成为中国现代美术史上的一次开创之举。

江碧波当时在接受记者采访时，这样描述自己创作这批灵巫系列作品的感受："点燃人类文明之火炬的远古巫文化时代，也是早期人类精神与智慧启动、觉醒的时代。在沉睡的朦胧之态中，揉开迷惘的眼睛，忽然醒来，可想那是何等的惊喜，何等的愉悦。走巫文化研究与巫文化艺术创作的道路，我们将认识我们的祖先，赞美我们的祖先，找到我们的祖先，找到我们民族的智慧与精华，寻回我们人生与创造的本源。"江碧波以难能可贵的人文情怀，用艺术的形式，为当代人铺垫了一条精神的归路。而她还将继续在这条寻根之路上走下去。当这位 70 多岁的女艺术家谈到这些时，她的眼里迸发出坚定纯真的光芒，笔者深深地感到，拥有真挚情感和信念的人是真正幸福的。

第九章　保护国家级非物质文化遗产:荣昌陶瓷

女娲抟泥为人
百姓制陶宜家
泥与火的世界
是人类古老的神话
花儿与酒
食物与茶
让平凡的生活
开满艺术的鲜花

□1. 让艺术返归泥土

早在20世纪90年代创作雕塑的时期,江碧波就开始接触陶土捏制手作工艺,但那个时候,她主要还是用陶土做雕塑的泥坯。进入21世纪,江碧波开始进行巫文化艺术品创作,她又开始用陶土烧造十大巫师的造像。在此期间,她对陶土的捏制、烧造工艺产生了浓厚的兴趣。在江碧波看来,泥土和火的结合,是人类最原始的艺术创作,是召唤现代艺术家返璞归真的古老艺术,是和巫文化结合的最好介质。让双手返归泥土，是一种朴实而最具原创力的艺术行为，有古老而奇妙的原始生命力。

这个时候，机缘凑巧，她接触到了重庆本地的传统手工技艺——荣昌陶瓷。荣昌是中国明清时期四大陶都之一，只是到 20 世纪末的时候，荣昌陶瓷产业由于缺乏宣传和新产品的开发，渐渐走向颓势。一向有社会责任心的江碧波感到自己可以为振兴这个古老行业做点事情。于是她开始将自己的精力更多地投入到了荣昌陶瓷这门业已濒危的传统手工艺行业中，试着实现自己的艺术灵感，领略新的艺术创作空间带来的精神享受。

为了便于创作，她购买了一个小窑炉和一批荣昌陶土，就在"碧波艺苑"的空地上开始了实验。她雇用了一位陶艺工人，并亲自开始尝试创作一批带有巫傩文化特色的陶艺作品。这些陶艺作品全部是江碧波手工上彩，图案来源于巫傩的面具和巫傩舞蹈的身形，用色古朴神秘。陶艺造型好似通天的法器，又借鉴了古人类遗址考古发掘陶器的拙朴形貌。底色保持陶土本色，有红褐色和乳白色天然陶土两种组合。这些元素，形成了江碧波早期陶艺作品鲜明的艺术特色。

随着对陶艺研究的深入，2006 年，江碧波决定投资 50 余万元在荣昌购买一个陶瓷制作厂，把那里扩展为试验和生产基地。"我是很有生活激情的人，花样特别多，我的家里人那时都跟我说，你别再兴新花样了，就这样已经很好了，别折腾自己了，该享享福了。但我还是觉得想去做的事情就要去做。"所以，她在快 70 岁的时候又进入了一个当时在大多数人看来已经衰败了的行业。在这个行业里，她精心研制了一种把荣昌陶瓷红褐色陶土和乳白色陶土混合起来的具有东方抽象视觉艺术的陶艺作品，线条自然旋转，好似水墨流动，

又好似山涧行云，既古典又浪漫，每个作品都是独一无二的，也非常符合现代人的审美。这批作品很快被同行复制，并用这种手法开发出了更多的器形，由于互相模仿，这类陶艺作品甚至成为荣昌陶都多家陶艺作坊的必备产品。江碧波说："虽然我没有保护知识产权，自己的创意被大量地模仿了，但因此振兴了这个行业的话，我还是感到欣慰的。"

在那段时期里，已经70多岁的江碧波，经常乘车从重庆市区前往荣昌陶厂，亲自参与陶器型、花纹以及陶釉色彩的研制，对各种上釉手法、釉色改变效果进行推敲，并指导工人们研究和开发新的产品。我们看到的那些如锈迹斑斑的古朴釉色，如红色岩浆般的流动效果，如大理石般华贵晶莹的色彩，都是在她的提议下，在传统荣昌陶瓷工艺的基础上重新研制出来的。

江碧波在荣昌陶厂指导工人雕刻陶罐

无论是以上哪种陶艺作品，都不是简单地走荣昌传统陶瓷的路子，这体现出了一个艺术家对荣昌陶瓷的新定位和新思考。由于荣昌地区的陶土十分细腻、黏性强、透气性又非常好，号称"泥精"，因此，用这种陶土生产出来的实用器能够达到久储不变味、不渗色，泡菜不生花，耐高温不炸裂的效果。明清时期，荣昌陶瓷主要生产四川酒坛子、四川泡菜坛子、土砂锅、花瓶、花盆、茶壶等产品。但江碧波却不完全赞同这条纯实用的发展路子，她是想站在一个艺术的高点，提升荣昌陶瓷（安陶）产品的整体艺术水平，开发安陶产品中位于金字塔顶端的作品，从而带领整个行业走出困境。

多年以来，她看到安陶在中国古代四大陶都中渐趋颓势，而同样是四大陶都之一的宜兴紫砂却由于很多艺术家的参与，发展得十分蓬勃，她深深感到应该通过自己的努力振兴安陶，让这种历史悠久的陶都文化传承下去，让优质陶土和一方传统产业不被埋没。“我觉得做这些文化产业的事情还是要有一种对文化的真诚。所以我又做了第一个吃螃蟹的人。”岁月荏苒，时光飞逝，经过江碧波持续十年的投入，十年的坚持，十年的奔走，也赶上了国家重视传统文化的大好形势，安陶产业终于有了新的起色。当地政府也看到了安陶这个古老品牌背后蕴含的商机和价值，开始扶持该产业的发展。原来失业的陶艺工人，也纷纷重新回到行业中来，抱着信心和热情继续传承古老的技艺。2010 年初，安陶成功列入国家级非物质文化遗产项目名录，代表重庆市的传统手工技艺重新享誉全国。

□2. 留住老艺人

在挽救荣昌安陶制作技艺的过程中，江碧波和一位安陶老艺人张俊德结下了不解之缘。

张俊德 14 岁时就进入安陶私人作坊做学徒。20 世纪 50 年代，在公私合营的浪潮下，安陶产业中的几十家私人作坊合并成立了国营安陶厂，张俊德成为安陶厂里面的工人。他

一开始的工种是拉胚，渐渐地，他跟厂里面的老工人学到了安陶生产流程中的八大主要工艺，包括采泥、制泥、拉坯、修坯、晾干、刻花、上釉、烧窑，并慢慢成长为厂里的技术科骨干。随着厂里事业的发展，他在技术科开始负责开发新产品，对于安陶的技艺流程、产品创新更有了自己独特的理解。20 世纪 90 年代，在国有企业改制的过程中，重庆作为近现代以来的国有实业重镇，经历了巨大的变革，一批批成规模的、整建制的、人才队伍齐备的大中型国营厂纷纷倒闭，产生了大量失业工人，剩下了一座座颓烂的厂房，大量工人提前退休，加入国家养老队伍。在这种大形势下，老牌子的国营安陶厂也不例外。技术过硬、业务精进的老艺人张俊德才 50 岁刚出头，正是出力出工的好年头，也不得不中断事业，面临人生的抉择。他工龄满了 30 年，在病退和失业之间被迫选择了病退，他拿着只有 200 多元的退休工资，根本不够供两个孩子读书的家庭开支。

那个时候，他曾想出去做点小生意，养家糊口。但是作为一个把一辈子的青春和心血都奉献在了安陶技艺上的手艺人，作为一个见证了安陶产业在新中国建立后兴盛发达的手艺人，他实在是不甘心：这个传承了几百年的行业，难道就要败在了他们这代人的手里？他心中充满了对那些传授他技艺的老师傅们的牵挂和愧疚，这让他在多少个夜晚难以入眠。

而这个时候，机会突然降临到了他的头上。在他人生和事业最低谷的时候，他的一个朋友，正好也是江碧波的学生，找到了他，并告诉他有一位著名的女艺术家想做一个陶吧，问他能否到重庆去重新开始生产安陶。张俊德想，去做陶吧，一方面可以增加家庭收入，抚养两个孩子长大成人，一方面如果跟着这一位著名的艺术家工作，说不定可以借助艺术家的威望重振安陶事业，让他充满愧疚感和挫败感的心灵找到成就感和归属感。想到这一切，他毅然决然地答应了朋友的邀请。他们来到了重庆南温泉的一个艺术山庄，“碧波艺苑”。

初次见到江碧波，张俊德非常激动。在他看来，“碧波艺苑”这么大的场地和规模，这么好的艺术资源，正是振兴安陶的好地方，更何况，这里还有一位对安陶事业这么热心，下了决心要把它做强做好的艺术领头人！而江碧波也打量着这位朴实的手艺师傅，并和他进行了深入的交流。江碧波对张俊德说：“现在是安陶的困难时期，但是我相信这个产业是能够像宜兴紫砂一样发展壮大起来的，在艺术上也大有突破的前景。希望我们能够一起努力做，把我的艺术和你的手艺结合起来，我们在这里一边实验，一边创造未来！”这样的话语给张俊德打了一剂强心针，虽然眼见着各方面的困难就摆在面前，但是在江碧波和张俊德的巨大热情面前，任何困难都可以跨越过去。

从 1999 年开始，张俊德就和江碧波通力合作，开始重振安陶的实际行动。由于江碧波是名人，在重庆本地和国际艺术领域都有巨大的影响力，所以不少人听说江碧波和传统手工艺安陶结缘以后，都纷纷慕名而来购买她的陶瓷艺术品。从 1999 年到 2006 年，重庆市的很多外事机构都带着国际买家到“碧波艺苑”来参观、购买，这在 20 世纪 90 年代后期安陶行业普遍的颓势之中尤为可贵。张俊德在这里仿佛感到了手艺的重生，看到自己的作品能够走出荣昌、立足重庆、走向世界，他觉得自己几十年的心血没有白费，老师傅们传下的手艺没有白费。他非常庆幸自己和江碧波能有此机

缘，这给了他新的人生舞台，也促使他开发了更多新的产品。

据张俊德回忆，那段时间，江碧波常常用黑色的钢笔勾勒出陶艺作品的造型，包括花纹和构图，再把这样的设计稿交给她的美术学生和张俊德共同制作成产品。有的时候，设计图是江碧波即兴想到的，有的时候，是她根据买家的要求设计的。他们合作得非常愉快，产品越卖越好，到2006年，江碧波委托张俊德在荣昌购买了一座厂房，张俊德再次回到了荣昌，负责建立江碧波的安陶生产基地。

由于江碧波在资金、创意、资源上的大力投入，颓废的安陶产业渐渐又恢复了生机，老艺人张俊德也开始带学徒工。很多从原来安陶行业流散出去的年轻人又来到了安陶厂，开始跟着张俊德做学徒。他又找到了当年在国营厂当技术骨干的感觉，时光仿佛倒流，这让他多少次在夜深人静的时候感慨万千。不仅如此，他在江碧波的陶艺厂的这段时间，也提升了自己的价值和在行业内的知名度。2010年，重庆市评荣昌陶瓷非物质文化遗产传承人，张俊德因为不了解情况漏报了，虽然没有被评上，但是他的技艺有口皆碑。他很快被河北唐山陶瓷研究所看中，高薪聘请他去那里研究开发新的高档骨瓷产品。他凭借在荣昌陶瓷多年积累的经验，为唐山陶瓷研究所开发了20余款畅销产品。张俊德为自己一辈子从事的事业和自己的徒弟们感到骄傲，他也为江碧波的远见卓识和于危难之际挽救濒危项目的举动感激万分。虽然他后来因为种种原因去唐山从事高档骨瓷的研究生产，但是他永远都不能忘怀让他人生发生转折的“碧波艺苑”，忘不了江碧波和他合作的那些岁月。

□3．别具一格的碧波陶艺厅

2006年，为了更好地宣传安陶，助推安陶产业发展，荣昌市政府决定筹备成立安陶博物馆，系统全面地陈列安陶作品，并引进手工艺传承人在这里进行非物质文化遗产手工技艺的现场表演，同时进行产品销售，将静态展示和活态展演结合，全面展示该非物质文化遗产项目的动态流程及产品。

在这样的考虑下，荣昌市政府邀请曾经倾力振兴行业、在行业内享有盛誉和声望的江碧波担任馆长，全面负责安陶博物馆的展陈运营。江碧波当时有很多创作事务，同时还在重庆大学任职，所以无暇参与新馆管理的具体事务。但她并没有完全拒绝荣昌市政府的邀请。她提出依托于博物馆的实体，建立一个专门的陶艺研究基地，做一些陶艺基础性研究、保护传承的工作，并把这些研究和传承推广到行业里，带动当地陶瓷产业复苏。这个建议得到了当地政府的认可，江碧波得以专心从事陶艺研究工作，更加游刃有余、得心应手。

博物馆修好以后，荣昌市政府为了感谢江碧波的付出，为她留了一个最大的展示厅。大家都认可她为行业作出的巨大贡献，因此安陶博物馆开馆时，就在最邻近入口处的地方给她预留了一个特别展厅，专门陈列江碧波多年来创作的陶艺作品。这个展厅是前店后坊的形式，前面有约200平方米的面积，展示江碧波创作的彩釉系列、巫傩系列、素面陶系列作品，后面设置一个制作现场，小窑炉就在里面，可以在参观的同时现场烧制手工作品。江碧波的陶艺厂的一个学徒就在这里负责展厅开放工作，江碧波有空的时候也会亲自过

来，重新布置一下展厅，给这里增添一些她近期创作的新品。

2014 年，江碧波已经 77 岁了，她从事荣昌陶瓷也已经有十几个年头了。她认为，这十几年来，荣昌陶瓷虽然已经有所发展，但无论是政府还是她个人投入的精力都还远远不够。“传统的东西需要多项多门类的研究，多种艺术的嫁接，所以我决心以我的资源和朋友圈，所认识的陶艺专家、考古专家、雕塑家和一些艺术界的优秀人士，组织一个大型的陶瓷艺术研究院，专门来做这个事情。点点滴滴，指导手工艺人，促使他们发挥热情去创作、去思考。”江碧波的陶艺厂也在吸纳人才、不断研究的过程中，接连涌现出新的人才，更多志同道合的艺术家也云集安陶行业，如今她还致力于将安陶厂扩展为陶艺公园，供更多的人们参观与体验。

第十章　成为重庆的文化名片

历史的天空
闪烁着多少颗星星
文明的大地
印下了多少个足迹
于高山之巅仰望
于峡谷深处寻觅
我们不仅是自己
更是他们的延续

□1. 花甲之年新起步

江碧波几十年来在艺术领域取得了极大的成就，并不断以个人之力造福社会，因此，她积累了极高的社会声望。进入21世纪以后，江碧波也步入了花甲之年，这一阶段，既是江碧波继续为家乡文化建设贡献自己的力量的时期，也是她在人生之路上的转型时期：她从创作单体作品为主上升到创作鸿篇巨制式的大型历史题材作品为主；她开始用艺术去表达自己对中国重要历史事件的个人见解；她的作品已经不仅

仅给人一种艺术上的冲击，更凝聚了她对社会文化、族群意识、民族精神更深层次的思考和探寻。

江碧波告诉笔者："进入 60 岁以后，我就开始更多地思考我的艺术归途，开始思索如何利用宝贵的时间去做一些更有意义的事情。我之前的艺术，一直都存在着现实主义和浪漫主义两个路子，我那时更倾向于道家的人与万物合一、抽象冥想的风格。但是我在考虑，如果有机缘，有可能，我希望在以后的时光里，用艺术去表达我对于社会和民族文化更深层次的思考和关怀。我自小受父亲的影响，到了现在，越发不能够放下父亲赋予我的内心的使命感，我希望完成一些史诗般的艺术巨作，那苍茫的历史感带给我的艺术永恒的意义，也让我更有创作的激情。"

进入 21 世纪后，重庆成为西部直辖市以后，发生了急剧的变化，那些熟悉的生活环境完全不同于从前，那些父母辈曾经历的沧桑岁月和逝去的日子就像一幕幕电影般在江碧波的脑海里放映。在南温泉"碧波艺苑"，在狮子山"碧波山庄"，她多少次梦回内迁岁月，想起历历往事，昔日山城的影子在城市面貌发生了巨大改变后反而在脑海里变得愈加清晰。她又怎能忘怀父亲给她的那些言传身教和殷切话语呢？

2004 年，她一面应接重庆市新兴轻轨公司的邀请，与剧作家魏明伦等人一起担任公司的文化顾问，一面接受了从李子坝到牛角沱施工超大型山体岩石艺术《岩之魂》的创作任务。她以此艺术项目凸显山城性格，在交通密集的网络上，利用山体拓展空间艺术，用艺术的方式承载当代人文精神，反映当代人求索于自然、感恩于自然的精神，赞美自然和科学合二为一的成果。这是一组以魔幻现实主义的方法，怀着对自然力的灵性的尊重，由江碧波独创的又一重要作品。

在实施这一艺术创作的同时，她一边感受着内陆城市翻天覆地的变化，一边却在思考如何找寻一个祖籍宁波的下江人那来自大海边的记忆。她要回去，看看父亲生长的宁波，重走一次父亲走过的路，完成父亲临终前对她的期望——“以后有机会要回宁波去办画展”。

正巧在此时，她迎来了祖籍宁波对她的召唤。2004 年，正值第四届宁波“海上丝绸之路”文化周系列活动召开，宁波市文联找到了江碧波，希望她能够出席这次活动，为家乡文化增光添彩。于是，她在 12 月回到了这海港的故乡，第一次在宁波天一阁举办了个人画展。为了表达她和父母对宁波故乡的深深眷恋，江碧波精心挑选了自己几十年来创作的 60 件代表作参展，这是她离开故乡 60 多年来给故乡交上的一份答卷，完成了父亲在病榻上的嘱托。时隔十多年，这句嘱托终于实现，江碧波的内心无比感慨，久久难以平静。展览赢得了宁波公众的热情欢迎，应宁波文联的热烈请求，展览结束时，她在天一阁向宁波市捐赠了自己的两幅画作。这来自宁波族裔的遗脉在祖国内地生根发芽，茁壮成长，享誉世界，如今回归故里，70 多年过去了，就让这些画作诉说远行的女儿对故乡深情的怀念吧！

从宁波回来后，江碧波似乎更能理解父亲血脉里涌动的那强烈的使命感和深深的民族危亡意识。她开始在思想深处更深地反思人如何创造历史，如何谱写历史，也开始更多地创作以历史为主题的大型系列作品。正是这样的人文情怀，让江碧波的作品带给人们更彻骨的震撼，她也因此享有了更高的社会声望，成为重庆市的一张文化名片。

2. 助力三峡文博事业

2000年，重庆市文化局副局长、新成立的重庆市三峡博物馆馆长王川平同志就联系到了她，希望在筹建新的博物馆的过程中，得到江碧波的支持和帮助。重庆市三峡博物馆位于重庆人民大礼堂中轴线上，在高高的山坡上俯瞰大礼堂前面的广场，与重庆人民大礼堂恢弘的建筑遥相呼应，是重庆市文化事业的标志。江碧波欣然接受了博物馆的邀请，当年她就被聘为重庆三峡博物馆艺术顾问和项目评审组组长，在三峡博物馆的筹建、立项、评标等过程中起到了重要作用。

为了保证公正、公允地评审参与投标的展览公司、装饰公司，江碧波不能用自己的公司去参与具体工作，但是她却在评标之外，对于展厅中一些设计和考虑不足的地方提出了修改意见，尽到了作为艺术顾问的职责。2004年，在整体布展工程即将结束的时候，她发现，壮丽三峡展厅没有三峡纤夫的身影，她认为，"三峡纤夫是川江人几千年来历史和精神的一个缩影，这条运输线是川江人的生计，是川江人与外界沟通的渠道，更何况，在近现代民族危亡的时刻，三峡纤夫是民族内迁中功不可没的力量，他们的付出和精神应该永载史册。重庆三峡博物馆如果没有三峡纤夫的场景再现，这不得不说是非常遗憾的事情"。于是，江碧波积极地与布展公司提议，希望能够增加这一壮观的历史场景。但布展公司表示，项目已经接近尾声，没有这笔经费，做起来有些为难。在此情况下，江碧波出于对川江人的深情，出于对巴东历史的深切关注，毅然决然地亲自创作完成了一组《三峡纤夫》雕塑作品。但出于经费的考虑，这个作品并没有做成铜像，而是采用了玻璃钢为原料。

该作品位于壮丽三峡展厅中，在一幅峡江石壁的远景和天空环云缭绕的巨型画作的衬托下有力地支撑了三峡博物馆的主题，让观众心中波澜激荡，仿佛听到了千年传承的川江号子，观众直观地感受到了川江人在与自然的顽强抗争中求生存的豪迈激情。不少熟悉世界美术史的艺术家都赞叹道："这不是可与俄罗斯的油画作品《伏尔加纤夫》相媲美吗？"《三峡纤夫》也成为江碧波晚年的雕塑代表作之一。

江碧波为来宾讲解为重庆三峡博物馆创作的《三峡纤夫》雕塑设计稿

另外，江碧波还亲自设计了重庆三峡博物馆的外立面墙整壁浮雕和展馆大厅两侧墙面的浮雕，她给它们起名为《巴国图腾》。这是她运用了远古巴文化——巫文化中的一些艺术元素，并结合馆藏的藏品形象，重新设计创作的。那神秘古老的艺术造型带给观众极强的冲击，那古朴神秘的川东风情扑面而来，给外地来渝参观的人们留下了深刻的印象。

重庆三峡博物馆开馆以后，江碧波作为其艺术顾问，继

续为博物馆的美化献计献策。

□3. 为重庆历史名人造像立传

2007年，为了庆祝重庆确立为直辖市十周年，在重庆文史馆馆长王群生的倡导下，江碧波受重庆市政府邀请参与策划了重庆名人历史馆展陈方案并领衔主创该馆雕塑。该项目由重庆市文史馆负责，其中200位用雕塑和油画表现的名人由文史馆和市政府领导集体商议确定。这一建设规划和江碧波一直以来想集中精力创作大型历史题材作品的创作理念不谋而合，因此她欣然答应，以非常低的邀标价格担纲领衔这一创作任务，并负责全面设计、制作、施工。按照重庆市当时的市长王鸿举的话来说，这套作品就是"又便宜又好"。

重庆市是国务院公布的"文化历史名城"。巴山蜀水在历史的长河中，涌现出了无数英雄儿女，尤其是近现代的血雨腥风，更给这座城市增添了英雄之气。表现英雄题材的长篇历史画面一向是江碧波雕塑的强项，也是她这些年创作的愿望。名人馆的雕塑结合油画、版画、多媒体共同展陈，分为《千古英雄谱》《岁月风云录》《抗日烽火图》《命运较量篇》《重庆在前进》五个篇章。江碧波带领其创作团队，在一年多的时间里，共创作了100余位重庆主、客籍的名人雕塑作品，让广大青少年和海内外游客能够直观生动地了解重庆的历史文化底蕴。江碧波将自己的艺术融入重庆的历史文化，融入重庆的城市精神，抒发了对养育自己的故土的一腔自豪之情。她创作的名人雕塑，是值得重庆人民永远瞻仰的，在这群人物的身影、面孔之中，山城人可以找到自己文化的根，找到山城精神的家园，找到依依眷恋、难舍难分的这份赤诚，找到勇于开拓、大气豪迈的这份气概，找到立足长江头、走向五湖四海的这份情怀。江碧波这位真正的艺术家，也将随着她领衔创作的历史名人，成为重庆的骄傲，融入山城的灵魂。她的艺术作品矗立在朝天门广场——这个重庆自建城以来的文化坐标，俯视大江东去，仰望长河落日，聆听这城市最繁忙的脉搏，获得永恒的艺术生命。

□4.《浩气长流》情牵两岸

2005年是中国抗日战争胜利六十周年。为了纪念这一宏大悲壮的民族历史，江碧波也在思考，希望自己能够创作出不同而具有震撼力的作品。正在此时，重庆市的一些民间文化人士也开始积极策划相关文化活动，他们主动联系到江碧波，最终形成了由江碧波领衔，包括一批重庆本土画家组成的创作队伍，他们集体以画写史，开始创作一幅浓缩中国抗战历史长篇的画卷。这个纯民间自发组成的团队中有民间学者、年近九旬的老画家、年轻的画坛新秀、退休工程师，也有下岗工人、普通打工者，还有热心的企业家。画作从2005年开始创作，到2009年结束，历时五年。为了保持纯民间的立场，他们完全靠自筹资金300多万元支撑了五年的创作过程。

2009年2月28日，描写中国人民全面抗战的国画《浩气长流》在中国重庆正式宣布创作完毕。画卷由七个部分组成，即卷首《故国》、卷一《山河岁月》、卷二《血肉长城》、卷三

《精神堡垒》、卷四《信义和平》、卷五《青天碧海》、卷尾《愿景·祈祷》。整个画卷全长805米,画宽2米,按真人比例实录历史人物共838名,画作完成以后重达4吨。江碧波在担任整卷画作的艺术总监的同时,还亲自创作了卷首《故国》和卷一《山河岁月》两个打头阵的部分。

卷首《故国》全长39米。作为巨画的开头部分,江碧波描绘了200多位受难的中国母亲正走在"9·18"事变发生后的逃难之路上。她们携孤扶孺,在大地上颠沛迁徙,有白发苍苍的、怀孕的、年老的、年轻的,其中也有些小女孩,她们背负着沉重的行李,怀抱婴儿,一脸凄苦中透露出愤怒的表情。这些母亲们是天底下最柔弱的,最无辜的,最善良的,但是她们也是最坚强的,是不可征服的。江碧波对笔者说:"你看我描绘的场景,一群衣衫褴褛、神情坚定的女性从苍野大地中走来,这一母亲群像就象征着我们这个民族千年传承、坚不可摧的民族精神。这是民族求生的大流动,是生命的流动。这种场景早已经烙印在了我小时候的记忆里,我是边创作边回忆我父母那时的情景的。"

这幅作品和江碧波曾经的版画作品《大地母亲》也有着千丝万缕的联系。《大地母亲》缘起于她多年以来对于人类母性意识的深情呼唤,缘于她对女性所拥有的崇高悲壮之美的敏感。所以在我们看来,《大地母亲》和《故国》似乎有着异曲同工之妙。但这一次,江碧波更倾注了民族情怀,画卷呈现出无与伦比的震撼境界。牟群评论该作:"赫然横卷,视觉夺人,无心不撼,无泪不摧,大地无言,沉默仇恨。然其画蕴籍潜伏,于大厄运中汇集大力量,遂引出壮怀激烈之抗战序幕。"这幅作品首先在情感上唤起我们的沉痛回忆,再引领观众进入后面的叙事篇章。

卷一《山河岁月》全长169米。作为巨画的主题叙事第一篇章，该作品描绘了“9·18”事变起，300多万中国难民离乡背井、灾难深重、不做亡国奴、全民抗战及逃往以重庆为中心的抗日大后方的大迁徙经历。画面选择性地展现了各界人士98名，塑造了2000余名无名氏英雄，讴歌了这史无前例的民族救亡圣战。该作品因为江碧波儿时有逃难内迁的亲身经历，而且她对英雄主义题材有精准把握，所以不仅从细节上描绘得准确生动，更从谋篇布局上展现出宏大的气象格局。

那时已经66岁的江碧波，为了真实地展现这历史场景，每天早晨7点出发去沙坪坝的工作画室，中午也不休息，回到家中已经是晚上10点，不分冬夏寒热，她每天在画架上登高爬低，细心描摹。山城的酷暑是那么难熬，雾都的冬天也是那么湿冷，然而沉浸在创作之中的她都视若平常。经过持续努力，她终于能够把握这全景式的宏大叙事并形成构图格局，再以丹青写史的祭奠笔墨，再现了中华民族惊天地泣鬼神的抗日岁月。画作成功地展现了沉重、深邃、苍茫、强劲、崇高的英雄人物群像，在纸面上复活了中华民族千年传承的浩然正气。这是她历史英雄题材的又一代表力作，产生了巨大的社会影响力。

2009年12月，该作品完成后，在中国台湾举办了首次展览，在台湾引起了轰动。有不少抗战老兵在画作前泪流满面，集体唱起了抗战前线的军旅老歌；一位83岁的老太太在画中看到父亲的画像后感慨万千、老泪纵横，竟然在画像前下跪。连战、刘兆玄等都到场观看，他们倾听了江碧波激情澎湃的讲解，感慨万千，连战在参观后亲自为画作题名“浩气长流”。

著名美术史家林木说道：“该画卷不仅是整个中国美术

史上前无古人的鸿篇巨制，不仅有现代史文化史上的重要价值，更重要的是，在中华民族于经济、文化、政治全面复兴与腾飞的今天，《浩气长流》在重振民族固有之精神，加强中华民族凝聚力，重树民族自主、自尊、自信与自强之精神，在立足民族本位之和谐社会的构建上，必将有超越美术作品之重要作用。”这一大手笔的艺术行为，不仅弘扬了民族精神，更情牵两岸，加强了中国大陆和台湾人民意识的认同，促进两岸心向一处靠，手往一处牵。这也是生在抗战、长在重庆、经历了国共岁月的江碧波一直以来的心愿。

在整个创作过程中，除了江碧波，她的团队也付出了不可想象的努力。在她看来，参与这项工作的每一个人，无论是学者、画家还是普通工作人员，都是画作背后的英雄。团队中每一位普通工作者的踏实肯干、默默付出的精神深深感染了江碧波。

在江碧波看来，自己是当年抗战的幸运者、见证者，接受了这场战争的洗礼，体会了危难时刻全民族激发的大美、大德、大勇与自我牺牲的精神，自己不去画，谁画？八年抗战和创作《浩气长流》是真实的事，它们都体现了一个集体团结一致，在艰苦的环境下不惜一切代价求胜利的精神。他们这个民间创作团队正是在这种精神的激励下，吃苦耐劳、挑战极限，共同完成了这一民间美术史上的壮举。

▢5．上下五千年文明的赞歌

“逝者如斯夫”，人生短暂，生活和知识的积累让两千多年前的孔子站在高山之巅、大河之畔，发出对时空、历史的感慨；两千多年后的一天，江碧波坐在狮子山“碧波山庄”的平台上，远眺滔滔长江，那东逝的流水让她不禁暝思起来，她产生了用艺术的方式为历史长河中的闪亮人物“写书立传”的愿望——只是她的这部“书”不是司马迁的《史记》，而是大型历史长卷中国画《上下五千年》。

多年来，江碧波对历史、哲学具有十分浓厚的兴趣，她在画画之余阅读相关著作，因此受到的诸多启发促使她对中国的历史、哲学思想进行反思，对自己的艺术思想进行寻根。英国哲学家罗素说过：“西方文明的特殊贡献是科学方法，而中国文明的特殊功绩在于合理的人生观。”18 世纪初，莱布尼兹提醒西方：“我甚至认为必须请中国派遣人员，前来教导我们关于自然神学的目的和实践。”法国启蒙思想家霍尔巴赫也直白地告诫世人：“中国是世界上唯一的将政治和伦理道德相结合的国家，这个帝国的悠久历史使一切统治者都明白，要使国家繁荣，必须仰赖道德。”黑格尔在追寻人类古老文明的残存碎片时发现，古埃及、古巴比伦、印度、玛雅文明都已经只剩下文明的碎片，“只有黄河、长江流过的那个中华文明是世界上唯一持久的国家”。1988 年，世界诺贝尔奖获得者在巴黎发表共同宣言称：“人类要在 21 世纪生存下去，必须回头在 2500 年前中国的老子、孔子那里寻找智慧。”江碧波受到这些哲人思想的启发，意识到“这些闪烁着智慧之光的中华卓见必能给今日世界有益的启示”。随着这些年学识上的不断积累，她越发有一种文化责任意识和文化自觉后的巨大冲动，她用自己擅长的艺术手段去表达内心对中华古文明的自信和热爱，探寻中华民族的兴废密码和民族振兴的文化内核。

不仅如此，经过多年来对老庄自然思想和巫文化的研

究，江碧波相信中国人与生俱来的宇宙意识将伴随人类走得久远，中国人的尚德精神会赋予高尚的人性以神性，这种对以人为本的精神的坚守是全人类的宝贵财富，她希望通过艺术的方式去丰富现代人类的精神家园。

2009 年，有了《浩气长流》的经验，江碧波决定选择 200 幅作品，以中华文明进程中重要节点上的人物或历史场景为素材，通过艺术的色彩和线条进行情感的传达，表现自己对文化和生命的感悟，表达自己对中国文化的包容性、开放性，对中国文化与多元文化共生、共荣、互补的赞美，表达自己对中国艺术语言表现力和中国文化生命力的理解。每幅作品 5 米长，2 米高。完成整套作品，在很多人看来简直是一个遥远的梦想，卷帙如此浩繁，工程如此宏大，一个 70 岁的人怎么能够完成？但在江碧波看来，艺术已经成为她的生活方式和研究、学习的过程，而且她这么多年一路经历过许多事，身体依旧很好，她相信自己能够完成。

于是，她开始了谋篇布局。《上下五千年》从“三皇创世”“羿射九日”“大禹治水”等远古历史传说开始讲起，一直讲述到“延安大生产运动”“国共合作”“开国大典”。中间描绘了在历史文化上对中华民族有着重要影响的人和事：既有作出伟大贡献、树立精神典范的正面人物——书法家、文学家、发明家、政治家、军事家、清廉官员等，也有让后人引以为鉴的反面教材。她谈道：“我选的题材，都体现了我个人的历史观、价值观。我想画张居正，我喜欢他这个名字，这对贪官污吏是一种警醒。他一生勤劳为官，到死的时候啥子都没得。”这些真挚的话语，表达了一个独立艺术家对中华民族薪火传承的责任和思考。

为了创作宋太祖《杯酒释兵权》，江碧波仔细研究了宋代历史，对杯酒释兵权的前因后果和利益，宋代的文化、历史，以及宋代如何南迁、灭亡的过程都仔细研究过。“我认为宋太祖是一个十分有办法和智慧的开国皇帝，他用这种出其不意的办法，非常和平地为国家解决了心患，创造了一个繁荣的时代。”

对于元代的开国历史，江碧波选择了元太祖自称“儒教大宗师”和马可波罗到访元大都的情景作为创作主题。她认为：“现在有些文化人说自宋朝以后就没有中国文化了，这种观念不正确。元太祖统一中国，自封‘儒教大宗师’，并开放地让外国人、汉族人都来做官。清康熙皇帝主导修《康熙大字典》，用的都是汉字。蒙古人和满族人在统治中国后，整个民族就都已经融入了汉族文化，他们继续在发扬并创造新的中华文化，但万变不离其宗，怎么能说他们断了中华文化？更何况中华文化本来就是包容性的文化，共荣共生的文化，不是排外的文化。正因为如此，我们的文化才具有巨大的力量。如果把传统文化丢掉，我们就真正要亡国了！”

生于红色年代的江碧波，创作了很多关于毛泽东开创新中国的主题画。她从来不像一些艺术家一样避谈自己深受毛泽东的影响。对于毛泽东诗词，她更是烂熟于心。在她看来，毛泽东是一代伟人，更是一代艺术家，他的诗歌充满了幽默、生动的乐趣。“‘小小寰球，有几个苍蝇碰壁。嗡嗡叫，几声凄厉，几声抽泣’，这样的诗写得很简单、充满才气！”所以江碧波特别创作了《延安大生产运动》这样一幅喜气洋洋、气氛热烈的作品。画面中，毛泽东和延安农民们站在一起，大家非常拥护他。“因为他就是能够和老百姓幽默地对话，老百姓就是喜欢他。”

在主题的选择和艺术取向上，江碧波从不盲目跟风，总

在多元化问题上保持独立思考，看淡他人的评价，敢作敢为。她用自己的艺术作品来讲述自己对文化传承、文化兴邦的理解，表达了对国家民族真切的关怀。

在创作这批作品的时候，江碧波不仅从选材上作出有个性特色、不同一般的把握，对于每一幅画的构图、描摹都力求精准生动。为了一幅画，她要连续在画室工作好几天，让自己沉浸在历史的氛围中。一次，江碧波在空旷的画室里，一边哼着《兄妹开荒》的调调，一边翻看着延安大生产时期的照片资料，旁若无人地陶醉在对历史的回忆中，凝神于笔。“创作时，我不是简单的构图，而是一边画一边好好体会画面中每个人的心情和感受，把每个人不一样的情绪表达出来。”所以她的大型历史画，虽然场面宏大、人数众多，看上去气势纵横豪迈，仔细品味却能发现人人表情不同，心态不同，味道不同，真可谓粗中有细，可放可收、得心应手。江碧波既具备宏观地把握历史场景的能力，又具备深入人物内心的细致观察能力和艺术表现力。所以她的这一系列作品，既大气磅礴，又十分耐看。

创作的过程也是十分独特的。有的时候，一幅画完成一半时，为了寻找艺术语言，她就有意放一放，到下次有了感觉再继续画。为了照顾这种感觉，她在画室里特别安装了活动轨道和升降机，她可以十分方便地调取想要的那幅画，随时切换历史情景。

2013 年，中央电视台教科频道《大家》栏目在考虑选题时，来到“碧波山庄”进行前期采风。进入她的画室，一排排巨大的画架摆在那里，一天天过去了，她都在画室中与《上下五千年》一起度过，却鲜有整段时间与记者谈话。来访的张涛先生没想到在这西南一隅的山中，居然还有这么一位令他们深深折服的人物。他们对江碧波一生的经历和贡献感到敬佩，在制片人看来，她身上体现的精神面貌和当前的浮躁、炒作之风形成鲜明对比，正是我们这个时代需要弘扬的“正能量”。摄制组很快安排正式拍摄，并制作完成了影片《大艺无界》，于 2013 年年底在教科频道播出。江碧波成为《大家》栏目推出的为数不多的艺术家，她也因此赢得了更多人的尊重。

空旷的画室里，江碧波独自创作《上下五千年》

2015 年，江碧波配合重庆市中区中山四路重庆抗战时期重要遗址的整修开放，公开展出了部分历史绘画作品。作品一经展出就引起了巨大的轰动和多方面的关注。不少人看了这个展览后，一方面被画作的鸿篇巨制所震撼，一方面对江碧波在功成名就之时依然选择去走艰难的创作道路而感动。重庆中山文化产业园经理张值先生认为，这条路不唯西方视角是瞻，不唯传统文人雅趣为旨，她走的是一条重返现实的艺术之路，走的是一条国家民族的自身观照之路。四川美术学院艺术评论家牟群先生撰文《丹青国史，笔墨时空》，

形容她“殚精竭虑、经年披戴，承担天下兴亡、民族招魂之业，曲尽兴废之诫、忠佞之辨，讴歌物华天宝、人杰地灵……大师的品格在与媚俗无缘！”而在笔者看来，她就像一个朝圣的信徒，抑或是一个行走在大山之间的独行侠，只要她还能走得动，她就朝着自己心中的圣山攀登，翻过一山又一山，一山更比一山高，永远敢于重积跬步以至千里。

2014年，时任重庆市委书记的孙政才同志曾莅临“碧波山庄”调研。当他看到70多岁的江碧波依然像个苦行僧一样在寂静空旷的画室里自发创作大型历史长卷《上下五千年》的时候，将原定半个小时的普通政务访谈时间延长到了三个小时。他与江碧波交流了关于民族历史、文化的所思所想，谈到了重庆历史的变迁，为江碧波题词，“以生命放歌，以艺术传薪”，鼓励江碧波，希望她能够为重庆、为中国创作更多的精神财富、作出更大的贡献。

2016年，经过江碧波多年的努力，该长篇历史画作终于全部完工。而这时，正是国家凝聚人心、兴国强国、实现中国梦的历史时机。江碧波也正是在此时，以70多岁的高龄完成一个中国艺术家的中国梦。她认为，艺术家有必要通过对中华民族发展历程的研究证明自己、分析自己，找回我们民族的自尊自信，找回文化的自信、艺术的自信。“中国艺术家有责任和使命让更多的外国人和我们的子孙深刻感受中华民族文化的伟大和强大的生命力。”可以想见，在大国复兴的宏伟蓝图展开之际，展出这幅大型作品将是一场振奋人心、凝聚民族精神、树立中国梦的艺术盛典，而江碧波正通过自己的努力，准备就这一系列作品分批举办展览。

第十一章　创作之源

晨雾萦绕着松林
鸟儿鸣唱着欢欣
此生此世
万物都令我惊喜
这是灵性的流动
艺术的赋予
仰望大山
感受生命的洗礼

□1. 崇尚终身学习

在与江碧波朝夕相处的日子里，一次在她作画之际，笔者问她：为什么总是能够不知疲倦且保持激情地创作新的艺术作品？内心的源动力是什么？她停下画笔来，一边给手里的炭笔缠绕胶布，一边对笔者说：“我有一些关于艺术家应该怎样做的想法，可能从我父亲那里就开始看到这样的态度，这一直让我思考，推动着我去做事。如果说起来，这种态度就是我认为一位纯正的艺术家的基本条件是胸怀坦荡和良

知，要有宽大的胸怀。进步的过程随时检验每个人是否有不断超越自己的信心和决心。真正的艺术家应该持久地从事自己爱好的艺术事业，并使之成为生活乐趣和方式。永远以大自然为师，从古今中外的艺术哲学文化精髓宝库里汲取养分，在最普通的生活中发现美的存在，并将其提炼，让人惊喜，这是艺术家的能力所在。因此，要从现实社会生活中广泛汲取灵感，珍惜现实生活中的点点滴滴，成为兼收并蓄又能自成一格的艺术家。"在笔者看来，这应该就是江碧波的艺术自勉，其中最重要的，就是她有一种不断汲取文化养分的磁力。

一个艺术家能够跨越如此多的艺术领域，能不断创作出各种题材的作品，这和她崇尚终身学习的理念密不可分。江碧波曾经说过："学校的教育是有限的，我们离开学校参加到工作中的日子更长久，我们完全应该根据自己的兴趣和方向去自学，只有自学才能发展。我非常反对学院派的那一套框框固定的、清高自傲的学习方式，真正的人才是在自学中产生的。"

这种崇尚终身学习的精神"遗传"自江碧波的父亲江敉。由于年少坎坷，八岁就进入社会工作的江敉十分珍惜每一个自学读书的机会。但凡挣到一点钱，他就用于买书，孜孜不倦地学习。他十几岁的时候就开始利用自己自学的文学、社会学知识撰写时评杂文并投稿。一位杂志社编辑看到来领稿费的居然是一个孩子，便主动给他开列一些书目，关心指导他自学。江敉如获至宝，更加珍惜这难得机会。他的版画艺术也是在上海期间向上海画界朋友学习并摸索出来的，最后，他终于成为我国老一代版画艺术家。可以说，无论是艺术还是文化，江敉都是在自学的道路上取得成功的。

受父亲的影响，江碧波自小就十分重视自学。一开始，她向舞蹈艺术家学习，向父亲学画画，这些都是她童年自发的模仿行为，并没有人要求她。工作以后，她每次要创作新的作品时，都要翻阅大量相关资料，包括图片、文献、视频等各种形式。在江碧波的画室里，经常可以看到在未完成的画布前面，铺着许多参考资料。在江碧波家里的书柜里、写字台边上，经常可以看到她翻阅查询过的书籍，有她从图书馆借阅的《抗战时期国共合作纪实》，自己购买的《中国道教》《中国历史名人》，甚至还有一些专业性极强的图书，如清代汪仁寿所著，由天津古籍出版社影印的《金石大字典》（1986年出版）。每本书里，都密密地夹着很多白色纸条，纸条上有她在当时参考时亲手写的标注。几十年来，这些纸条夹在里面，有些已经泛黄，有些还是崭新的，看得出这是她在不同时期查阅时留下的痕迹。

据记者何功杰描述，一个偶然的机会他认识了江碧波，她当时正在筹备成立重庆远古巫文化研究所，请何功杰帮忙整理一下文件。他有些畏难，对江碧波说："我是学数学的，搞文字、艺术方面的工作，恐怕不行吧。"谁知江碧波说："何功杰，你知道我为什么去重庆大学人文学院当院长吗？那是个理工大学，我是搞艺术的，正是要在理工方面学习学习，邓小平说科学技术是第一生产力嘛！"这令何功杰大吃一惊，"一位年近花甲的人，还有这么旺盛的求知欲，我们这些在她面前堪称学生的人真是望尘莫及。"

有的时候，江碧波就像一个孩子，对这个世界保持着好奇心，所以她总是有这样那样的兴趣，去探索，去求知。有的时候，她又像一个从神话时代穿越而来的智者，所以她总是能够用一种大智慧去了解和学习各个的学科，达到触类旁通、融会贯通的境界。她开拓求知的欲望似乎如汩汩山泉般

流淌不尽，活水之源就是她这儿童和智者并存的心灵，在这样的状态下，一个人怎会没有蓬勃的生命力？怎能不爆发出自然生机？她就是这样崇尚终身学习、终身创造，所以才能在耄耋之年依然拥有青春般的激情。

□2. 灵感来自实干

江碧波是一位公认的多产艺术家，她一生创作了三百多幅版画精品、两百多座雕塑、一千多米长的大型长卷画作、上千幅国画作品、数百个陶艺作品……这样丰沛的艺术成果，不仅得益于她的艺术天赋，更为重要的是因为她有着超越常人的实干精神。用她自己的话来说，"艺术不是等有了灵感以后再去创作，而是一边实干一边捕获灵感"。

江碧波在专心致志地雕塑

以江碧波创作《上下五千年》的过程为例，在孕育作品的漫长的七年间，她就像一个上班族一样，只要没有特殊情况，她每天都会到画室里完成八个小时左右的工作量，每天上午约 9:30 开始，下午约 2:30 开始，晚上约 7:00 开始，每天她都会按时开工。在画画这件事情上，她真是具有十足的耐心，一步一个脚印地完成每一个细节。由于画作比较大，构图视野更开阔，所以她是先用炭笔构图，炭笔不够长就用长长的竹竿一头用胶布缠上炭笔画。她的笔触扫在纸上，一边描绘一边找寻新的灵感，找寻人物之间的关系。每个人物之间互相关联，她通过定格一个人，再定格另一个人，众多的人物互相之间在构图上不能“打架”。对于人物的位置、动作、神态，她都通过线条一个一个地初步表现。构图不满意，她再用炭笔调整这些初步的线条，通过勾画新的线条不断修正原来的思路，直到构图更完美。“所以一开始构图不能太画细节，细节是在构图肯定以后，再用毛笔蘸墨勾勒出更为准确细腻的轮廓，最后用毛笔着色，一笔一笔地像写书法的‘点’一样地着色，着色的同时区分明暗关系，更丰富地表现细节，形成色彩的自然晕染。”在江碧波的大型历史中国画中，每一幅画都能看到她清晰的用笔痕迹。就是这一点一滴，一笔一划的积累造就了这千米长卷，方寸之间积累了她的汗水和心血，宏大气象凝聚了她踏踏实实的奉献。

在“碧波山庄”偌大的画室里，七十多岁的江碧波一人作画，二十来岁的学生们要轮班陪伴、观摩。老师一会儿坐着画，一会儿站着画，一会儿趴着画，学生们往往搬个凳子坐在离老师两米开外的地方看着老师画，如有什么问题，再抽空问老师。遇到小的问题，老师一边画一边回答，遇到大的问题，老师才会停下来抽个十几二十分钟回答。这短暂的时间，往往就是她半天工作中唯一的休息时间。而陪伴的学生每天都需要轮换两到三批，因为光是长时间地陪伴在那寂寞空荡的画室里，都让他们感到精神疲劳，而这位劳动中的老人却从来不觉得苦，只觉得沉浸在艺术的欢乐里。她就使用这种老实人的"笨办法"，一步一个脚印地走向了艺术的巅峰。可见，哪怕是最需要天赋的艺术领域，实干精神也是成功路上必不可少的修为。

□3．心无旁骛的坚持

在十几岁时，江碧波就立志从事美术事业，并在这条道路上持之以恒地走了一生。她对于自己选择的事业不仅倾注了一辈子的光阴，还倾注了全部的精力、热情，包括金钱。这种心无旁骛的坚持，是她从一个普通艺术从业者成长为一个艺术大师的内在决定因素。

"我的父亲曾经告诉我，追求是要付出代价的，甚至是巨大的牺牲。"这话一直铭记在江碧波的心中，在每一次的创作中，她都力求完美，为了追求最终的完美效果，投入再多的时间和精力她也认为值得。

1997年，江碧波为抗日战争纪念馆英烈厅创作四幅大型壁雕和一座主体雕塑《喋血中华》。主体雕塑在整个英烈厅中具有画龙点睛的作用，江碧波为了能够将抗日英烈的精气神充分展现，在短短一个多月的时间内连续搞出了三套方案。当她的设计得到馆方的认可和称赞后，江碧波仍然在思考这个主体雕塑能不能再凝练一点、再鲜明一点呢？于是她连夜做出了最终的设计效果图，让前来商讨的专家们十分佩服、赞不绝口。

对于别人的赞溢之词，她说道："我们为城市做的每一座雕塑都应该是一件艺术品，要让人为之感动，流连忘返。不然，你做的雕塑就仅仅是一个东西，是城市的垃圾，给城市造成了污染。"著名作家刘白羽评价她的雕塑作品说，"因为她注入了她的血，石头才能温暖；她注入了她的生命，石头才能巍然万古"。这样一个将生命和热血都注入了心爱的事业的人，其艺术也将是不朽的。

江碧波能够心无旁骛地投入到事业中，根本原因是因为艺术能带给她无上的快乐。"实际上我是很知道怎么享受的，我二十几岁的时候也非常注重打扮，但是我后来并不追求物质享受。我做的事情用在自己身上的钱很少，我的钱大把地都用在了巫文化基地、荣昌陶瓷基地、'碧波艺苑'、'碧波山庄'上，我搞这些地方都是为了画画、为了创作。我觉得创作能带给我精神上最大的快乐。"

□4. 社会担当和文化良知

在北美访学时期，江碧波就认识到了艺术的本质，她十分赞同刘再复先生的见解："弗洛伊德把性压抑作为文学的动力源，只能说明部分问题。"她认为，大部分作家的动力源则是良知的压抑。

她的良知促使她关心大自然的环境，关心人类的前途和命运。20 世纪 80 年代，她在北美看到那边的自然环境比中国好，她感到我们国家水和土地的污染已经让她觉得可怕。在大西南写生的时候，她看到很多原本清澈的河水都变成黑

水了，本来人们可以下去游泳，也可以划着小船碧波荡漾，但现在走到十米开外都感到臭气熏天，这让她感到十分震惊。那个时候她就在想，什么事情比污染更严重？什么事情比水源干涸更严重？中华民族怎么生存？这种对环境污染和民族未来的忧虑，深深地烙印在了她的意识之中，所以她的画里面经常体现这样的寓意。

在北美那段时间，之所以是她版画艺术创作的高峰期，还源于她关怀东西方人类共同的症结，急于在艺术中将自己的忧患和压抑的良知表达出来。“我们可以拿与我们相对的地球的另一半作为我们的镜子，在这里我们看到了在我们故土上，人们在为自身利益发展拼搏的同时，又异化着自己本性的悲剧。而在西方，对于人造之物的欣赏，也在一天天地异化着自己的天性，甚至无形中摧残着自己。无论是东方或西方，也无论什么样的文化背景，有先见之明的人都在关心人类自身进化的问题，以面向真理的态度审视自己和自己的生活，不去隐讳自己的观点和痛苦。”那段时间，她的作品中总是呈现出自然环境的裂变下人体也在扭曲的意境，呈现出一种拉扯、怪异的张力，这就是她的所思所想的真切表达。一位虔诚的艺术家总是最能预感即将出现的困惑，他们的诚挚、忧思以及他们无利害冲突的呼唤，使人们看到他们透明的心灵和人格的尊严。

不仅如此，江碧波的良知促使她思考艺术领域存在的现实问题。对于艺术炒作及其不良现象，她有着自己的看法。“其实社会对艺术家不薄，很多艺术家的作品卖价也很高，社会也给了他们很多荣誉。但有的艺术家因为遇到某些投机商人吃亏了，就要去报复社会。哪个是社会啊？你报复个别人似乎还说得过去，报复社会就说不过去了。心态不好，还把自己的名誉也搞坏了。”一直以来，她对创作纯市场路线的作品并不刻意追求，顺其自然，但坚决反对艺术家被艺术品投资商人和财团所控制。在她看来，艺术家的生命和时间是有限的，艺术家也希望自己有创作的自由，希望用更多的精力去搞自己想要的创作，而不是受制于市场和经纪人。在追求纯粹自由的艺术思想下，她反对只用艺术做交易的功利思想，不盲目追求过多的利益，懂得适可而止，因为只有这样才能保持艺术思想和创作立场上的独立。所以我们看到江碧波总是在根据自己的艺术兴趣，不断尝试多种艺术形式，自由自在，逍遥快乐，她没有指望在已经成功了的艺术领域上通过商业运作吃老本，因为这样产生的作品谈不上真正的艺术，这样的运作过程也会异化艺术家的心灵。

她对于国内艺术界崇洋媚外、利用艺术捣弄权力的状况也冷眼相看。“我觉得国内艺术界有一种很扭曲的状态：一些艺术家在国外巴结外国人，为了得个所谓的国际奖，到国外去拉关系，把西方艺术说得多么神圣，把自己的传统艺术看得一文不值。得奖回国后，就开始搞派别斗争，力争自己出名，打压同行，一点不为同行发展着想。我一直是反对这一切，我靠我自己，冷眼旁观，坚持做好自己的事情。”不仅是在重庆，在全国艺术圈，江碧波向来特立独行，不去参与任何派别和权力之争，她的作品大部分都是在自己建立的“碧波艺苑”和“碧波山庄”完成的。这两个地方仿佛是世外桃源，她就像是古代的山中高士，以一种诗意的浪漫行隐于江湖。

道家的出世和儒家的入世向来是中国传统文人的两个选择，江碧波深谙个中款曲，用隐居山庄的方式，自由自在地表达自己入世的独立见解。作为一位老艺术家，她有意承担

起对下一代人的文化担当，深切地关注青少年的成长。她认为，现在一般青少年都不缺吃不缺穿，但就缺正确的价值观，这是很严重的问题。江碧波一生培养了很多学生，但她发现有些学生跑到西方去搞西方美术去了，而且他们不是为了理想，而是为了钱、为了物质享受，甚至可以不惜一切手段去达到目标。她看到这种情况后，内心五味杂陈。“我们创造了很好的物质条件，经济也发达了，但是改革开放带给我们的代价是很大的，我们的人心已经异化了，这是很严重的问题。没有价值观，没有人生的追求，没有目标，只知道钱，长此下去，国家和社会就没有前途。我的作品就是要呼唤正能量。我觉得个人和国家一样，真正的幸福不是钱能解决的，这是我的根本思想。”对于他身边的孩子们，她总是不遗余力、苦口婆心地教育他们。在画室里，她经常一边画画，一边抽时间和学生们谈心。她告诉年轻人要能吃得苦，不要浮躁，不要急功近利，要用踏踏实实的努力去创造人生。但她觉得，对现在的年轻人，用教育说服的方式很难教清楚他们人活着的真正价值是什么，乐趣是什么。他们生活在和平舒适的社会环境中，缺乏历练，缺乏精神上的追求，这是她十分忧虑的现状。由于有这些忧虑，所以江碧波总是希望塑造我们这个民族值得骄傲的价值观，塑造崇高人格理想，她要通过艺术去影响青少年，点点滴滴地塑造民族的未来。

江碧波不仅具有极强的社会良知，强烈的家国情怀，她还把这些理想投入到自己的艺术行为之中。她自小生活在抗战年代，生活在一个忧国忧民的圈子里。在那个环境里，大家都是“先天下之忧而忧，后天下之乐而乐”的。从一开始，就注定了她一生的忧患意识，“虽然人性的温暖令我感到很满足，社会的发展我也觉得不错，但是这种忧患我是改不了的”。表现在艺术选材上，她就是要关注社会重大题材，自觉肩负起艺术家的社会责任，“我觉得艺术不应该只局限于小情小调，不能只画瓶瓶罐罐，艺术应该是面向社会的、关注现实的”。所以她选择了一条回归现实的艺术道路，《三峡纤夫》《上下五千年》《浩气长流》和众多英雄主义的雕塑作品都是这条路上盛开的鲜花。

她的这种家国情怀还表现为她对扶贫工作的巨大投入。巫县是国家级贫困县，曾因盐而兴，因盐尽而衰，为了使当地人脱贫致富，达到旅游兴县的目的，江碧波将远古巫文化研究申报为重庆大学的科研项目，发起成立远古巫文化研究会，多次组织专家赴巫溪考察，所有的费用都由她本人开支。有一次，记者何功杰随她去巫溪考察，谈到《孙子兵法》时，问她：“按照孙子的观点，无利不动，江院长，你这样做是为了什么？”她一本正经地回答他：“利，看什么利，为了国家，为了民族就是大利。把巫溪的自然、人文景观介绍出去，发展旅游业，为 50 万巫溪人民脱贫致富就是大利。亏你读《孙子兵法》，孙子最注重修道保法，他是兵圣，他说的利，正是国家、民族、集团的利，不是个人的私利。不然孙子为什么在他的兵法开卷之首就说‘兵者，国之大事也’？”这一番言论让年轻的记者感到分外惭愧，也让他对江老师崇敬万分。

虽然江碧波内心的家国情怀、社会良知让她牺牲了很多物质享受，让她奉献出了很多经济利益，但是也带给她很多非凡的财富。在生活中，江碧波正是因为有了这种担当、责任，有了自觉参与社会事务的强烈意识，才有一种无法阻挡的自信，让她度过人生的种种难关。“我从来不会因为个人的哀伤而失去自信，虽然我自己曾有被抛弃的感觉，但从来没有觉得自己被淘汰。这种自信一直都存在，让我感到非常

踏实。”在艺术上，忧患意识和强烈的责任感让她对美有着独特的理解。“我对于悲切的美非常欣赏，我觉得美并不存在于所谓的享受、简单的富丽堂皇之中，我不把这看成美的最高境界，我觉得美的最高境界是壮美、悲壮、奉献、无畏的美，担当的美。”这种宏大的境界给她的艺术带来无比强劲的风格、无比磅礴的气势，使得她不仅在女性艺术家中独树一帜，更是巾帼不让须眉，令多少男性艺术家也望尘莫及。

江碧波好比美术界的秋瑾，她美得惊世骇俗，美得义薄云天，美得荡气回肠。她让我们看到了，女性怎样做一个自强、独立、自信的人，不必委曲求全、自觉矮人一等，女性可以放开心中的莫名束缚，成就自己，成就人生。

□5．传统文化是根基

江碧波对于中国传统文化十分热爱，这使得她创作了很多以中国文化为主题的艺术作品。在敦煌，由于她对历史题材、传统艺术十分感兴趣，所以一到敦煌就迫不及待地选择在洞窟里没日没夜地临摹，创作出了令国外藏家和著名诗人余光中爱不释手的《敦煌印象》系列画。

江碧波对川剧脸谱艺术也非常喜爱，并且在创作中常常采用这种传统元素。比如创作《山鬼》，她就把人物画成阴阳脸，“阴阳脸在我们川剧变脸里面十分经典，阴阳脸也给人光线明暗的感觉”。她认为中国戏剧表演艺术沿袭了上古巫文化，她在戏剧中看到了很多巫文化的影子，这激发了她创作的想象力。她的巫文化面具作品，让人以为是来自民间的傩戏面具，这种古朴自然的艺术追求在当今的艺术界的确是缺乏的，也是极具西南特色的。一位江浙地区的艺术家曾经告诉笔者："在我们追求精巧雅致的美的时候，四川画派的艺术家们却在追求古朴原始的美。四川是个十分传统而又开放现代的地域，它在中国的文化版图上十分特殊，产出的艺术家令世人惊叹，不少近现代艺术大师都有在四川生活游历的经历，比如张大千、徐悲鸿。"重庆作为老四川的一部分，它的文化风貌既受四川整体文化圈的影响，又在新的时代自成格局。这种格局在江碧波这位女性艺术家身上集中体现。她的艺术取向和艺术风格既是她个人的，更是重庆精神的标志。

另外，江碧波对于道家文化的热爱使得她创作了很多有自然意蕴的伟大作品。不仅如此，她还对易学感兴趣，有空的时候，她还读读易学的研究著作，这大大增强了她的艺术思辨能力。她有一位朋友是重庆易学学会的会长，对数术很有研究。江碧波看了他的书，非常感兴趣，于是请他来给自己和自己的学生们上一堂课。这堂课讲的是易学的数学问题，也是数的和谐问题。他谈了一个宇宙规律的自然平衡的方程式，始终千变万化，但是始终保持平衡。这个平衡的规律我们看不见，但是始终是存在的，这促进了她在艺术创作理论上的反思。"艺术和科学有很大的不同，但是也有很大的关系，我觉得画的部分和部分之间，有旋律、有平衡、有游戏规则，就像易经的数的和谐关系，每一幅成功的作品都要找到这种关系。"我们看她的历史系列浮雕作品、历史长篇画卷，不得不惊叹于她能够把握那么丰富的历史事件，把众多人物的构图布局安排得充满了音乐的节律，让人从头到尾都不觉枯燥，不自觉地就被其中暗藏的节奏感吸引。她就是用这种数学的思维去把握历史的旋律，掌握

历史镜像的脉搏，所以才能用艺术的形式非常贴切地框绘复杂的历史。

□6. 敢于跨界创造

江碧波是一个勇于尝试、敢于创造、不拘一格、融会多介质材料、贯通中西艺术技法的艺术多面手。她在水粉画、版画、蜡笔画、中国水墨画、雕塑领域等都有十分独到且颇具创造性的作品。

江碧波的艺术，从艺术题材来说，主要可以分为以下几个类型。

革命英雄主义作品

从那个革命激情年代走过来的江碧波，创作了大量革命题材的作品。她认为这都是她发自内心的创作。她着重表现人在革命英雄主义的激情中所迸发出来的坚忍不拔的精神和崇高的气节。她为红军长征创作了《飞夺泸定桥》，为歌乐山烈士陵园创作了《歌乐山烈士群雕》，为重庆名人历史馆创作了众多革命年代的英雄人物。但她并不是为了表现政治题材而去刻意创作这些作品，她深深觉得这些斗争中的人物在那个年代是社会的中流砥柱，对于这些作品，不能仅从表面简单地、狭隘地解释为有政治目的。“如果只是这样理解，就把这些英雄人物的理想主义、坚忍不拔的高尚精神局限了。我所表现的这些人物，都是用生命去争取中国的解放，他们认为为了全中国的理想去奋斗、去牺牲是值得的，这种人不是出于私人的目的，他们是最优秀的人。”江碧波是从人性，人的美好品质的角度去进行赞颂和创作的，当他们个人的理想已经融入社会的理想，再苦再累，他们都能看到生活的乐趣和希望。“你看我画的那些女牢里面的烈士，她们脸上哪有一点悲苦的表情，她们的眼神充满了理想的光辉，觉得人生充满了本身的乐趣。”这种追寻人生本身的乐趣的精神，已经深深融入到江碧波这位艺术家自己的人生价值观中：她在青年时期受不为私利的革命理想主义熏陶，所以能够看淡个人磨难，把对艺术的追求作为终身的乐趣和事业；也正因为有这样的个人心路历程，所以她对革命英雄主义的作品才能有最真挚的把握。“我画的那些革命同志之间、难民之间的互相关怀，他们在艰苦中互相扶持、帮助，还一起唱着《我的家在松花江上》，这种精神享受现在人是感受不到的，是十分宝贵的财富。所以，我在创作这种作品中也充分享受审美、享受爱的过程。”

现代抽象史诗画

江碧波的很多画都很抽象、现代、时尚，但又同时充满了神话气息，展现的是中华民族古老的史诗题材。从独幅版画开始，到抽象水粉画，她根据这一题材和感觉，创作了不同形式、但艺术风格统一的作品。她的水粉画和版画都特别钟情于表现融入自然山体的人体，表现血肉的蠕动、大地的裂变。人的四肢都和山川同为一体了，血脉都汇入了河流，与我国远古神话夸父逐日的感觉相似，又像是盘古开天辟地的混沌。这些画作的产生，融合了非常现代的艺术手段和艺术理念，是她重要的跨领域创新，对她的整个艺术生涯都有积极的鼓舞作用。“我做独幅版画，激发了我创作的胆量和信心，使得我在搞其他方面的创作的时候，不会拘束。”

大型具象历史系列作品

长篇历史画《上下五千年》《浩气长流》，以及各种历史纪

念馆浮雕，都是用大幅画面展现浩瀚历史长河中的壮观场景和重要历史事件。在江碧波看来，历史作品必须具象，否则人们看不懂艺术家在讲什么，但在具象中，她有独特的艺术手法。她借鉴了多种艺术形式，并跨界运用。在她看来，中国画像写书法一样，用线条表现，是一笔一笔写出来的。这种“写画”的技巧，她大量地运用在大型具象的历史画中，即使是大面积的色彩，都充满生动的变化。而一些过渡画面的处理，她又采用了版画着色的技巧，喷绘、压印、水墨、白描并用，让人感觉不拘一格、与众不同。

民族风情画

江碧波的版画如《豆角熟了》《白云深处》，写生画如《敦煌印象》系列作品等，都是关注中华民族地域风情的艺术作品。她采用了传统黑白版画、彩色版画、蜡笔画、水粉画等多种形式来表现这一主题。这一主题作品也是她在国际上获得荣誉最多的系列。她对于艺术的技法敢于开拓创新，融合了中国黑白刀刻版画和西方色彩版画的技巧，并创造性地把版画刀刻和蜡笔画结合起来，产生了不一样的风格。她笔下的人物既立体又梦幻，那些民族妇女的倩影、奔马骑射、佛造像、佛教变文形象，都充满了强烈的艺术冲击力，赢得了西方藏家的青睐。

总的来说，江碧波是一个不拘于任何形式、技法、流派的画家，甚至是一个超越性别的画家。老子说，“道生一，一生二，二生三，三生万物”，江碧波明白了阴阳相生的宇宙规律，以大道的智慧滋养艺术，抓住灵魂，放纵形式，从而创作出变化万千的作品。

□7．逍遥宽怀品人生

人生总是要有张有弛，才能在良性循环中前进。江碧波在艺术中执着，在生活中却十分逍遥随性、宽怀待人。在她事业的巅峰阶段，她的生活事务均交给儿子叶洲打理，而她对身边的工作人员，除了在工作中严格要求之外，在生活上却从不苛责。

由于江碧波十分繁忙，工作涉及面又特别广泛，所以一直以来，她身边都围绕着很多工作人员，有司机、厨师、家政工、助理、学徒。在工作上如遇到令她不满意的地方，她很少发火，即使感到生气时，也是给他们讲道理。如果别人实在办不到，她也不会强求。因为在她看来，每个人的心性都不一样，能力和悟性也不一样。这些身边的人跟了她那么多年了，彼此都有很深的感情。她从来不会因为达不到她的要求就辞退别人，在生活上，她宁愿自己将就着过。日子久了，员工们难免会有点小松散，但江碧波聊起这些事情来，却是觉得有趣，经常被逗得哈哈笑起来。

在社交工作中，江碧波对下属也十分宽容，总是放手让他们大胆干，不让他们有顾虑。据她一位曾经的下属回忆，江碧波在重庆大学担任人文艺术学院院长的时候，下属和她闲谈，说到楚汉相争的故事时，下属说了句“项羽是妇人之仁”。这位下属意识到不应该在江院长面前这样说，谁知她只是淡淡一笑，叫他继续说下去。她就是这样给大家宽松、可供施展才华的环境，所以无论是在生活中还是在工作中，下属们都很服气她，愿意几十年如一日地跟着她干事业。

在与朋友相处的过程中，江碧波对他们十分关心，常常会为朋友的事情感动或伤心得流泪，但对于自己经历的磨难，她反而不那么放在心上。

一位姓罗的老婆婆在江碧波三十几岁时就到她家做家政，江碧波离异后，她也没有离开，一直做到她做不动了才停下来。由于罗婆婆没有子女，江碧波十分体恤她，把她当自己的亲人一样看待。罗婆婆身体不好，需要人全天候照顾，江碧波知道她的困难后，为她联系安排了养老院，定期问候她，还于百忙之中去看望她。九十多岁的罗婆婆不愿意在养老院住，提出要跟着江碧波，江碧波两次都想把她接到身边来赡养，便跟自己身边的工作人员商量。但由于江碧波自己也是七十多岁的人了，同时还为了社会事务四处奔波、搞创作，完全没有精力照顾罗婆婆。在众人的劝说下，她才不得不打消这个念头。为了劝说罗婆婆，她虽然事务缠身，但仍常常打半个多小时的电话倾听罗婆婆的"老龙门阵"。她对罗婆婆的感情和付出让知晓内情的工作人员都十分感动。

江碧波对身边的工作人员也十分耐心。虽然主要是儿子叶洲负责管理她身边的办事员，但是私下里，很多人还是会来找江碧波倾吐心里话。在他们眼里，江碧波总是像大姐一样，用自己的人生经历、人生体验，真诚地和他们沟通，帮助他们分析心里想不开的地方，帮助他们解开心中的结。在他们眼里，江碧波就像是他们的当家人，他们的老家长。下到二十来岁的青年，上到五十来岁的老年普通工勤人员，江碧波都非常设身处地地关怀、体谅他们，也能真诚地指出他们的问题，引领着他们的人生。

江碧波是名人，求她画画，找她做雕塑的人很多。她对来宾都是一视同仁，并不因为对方是达官贵人、公司老板或是穷学生就另眼相待。有时不认识的人来到山庄的院子里，想要参观一下江碧波的作品，她也吩咐办事员尽量满足需要。有次，一位来自江苏的青年从报上知道了江碧波的大名，就寄来一封信要求江碧波给他画一幅画。她当时很忙，就安排身边办事员把这件事记下。过了两天，她从万盛石林世界和平碑林工地上回来后，就立即为那位素未谋面的来信人作画，并叫办事员赶快寄过去，还提醒他别忘了代她写封短信。她平易近人的态度，真诚待人的行为时时刻刻感动着身边的人，影响着身边的人，也让大家心悦诚服地回报给她以忠诚、爱戴和敬仰。

江碧波认为，"我希望走到我身边的每一个人都生活得好，如果能够和我有缘分，我希望我们之间对事业要有一个共同的理解，有共同的方向，这是我的愿望。"在她的周围，的确围绕着这样一些事业上的朋友，他们对她的为人态度、工作精神心悦诚服，有的甚至甘于以志愿者的角色为这位特立独行的艺术家默默奉献，支持江碧波天马行空的艺术事业。何佳明是一位来自成都的志愿者，他家境颇丰，自从接触了江碧波以后，江碧波的人格精神深深影响了他，于是他来到重庆，成为江碧波的事业伙伴。他长期往返于重庆和成都之间，只要有时间，就把大量的精力投入到辅助江碧波处理琐事的相关事务中。

如果从工作量来看，人们似乎会被江碧波那超人般的勤奋劲头吓到，认为她是一个沉浸于工作中的狂人。但实际上，生活中的她却是一个十分有情调，十分懂生活乐趣的人。这种生活态度正和她积极的工作态度形成了良性循环。江碧波十分热情好客，不仅不拒绝别人来打扰她的工作安排，而且还十分主动地组织聚会。年轻的时候，她爱好举办家庭

舞会，她自学各种各样的舞蹈，有民族舞、日本舞、交谊舞。她1.68米的高挑身材，在当时的四川美院是一道靓丽的风景线。据冼夫先生回忆："女版画家江碧波最初给我的印象并不像一位画家，她漂亮而极富才气的面庞，油黑发亮的披肩发，艺术而独特的短筒裙，颀长而灵活的身段，似乎更像是一位歌舞演员或影视演员，后来有人告诉我，她就是版画家江碧波。但她的确擅长文艺演出，年轻时饰演《桂英打雁》中的穆桂英，曾获得过一等奖；新疆舞、日本舞跳得异常精彩动人。"年老以后，她虽然不能自己上场舞蹈了，但对于家庭舞会这种形式依然十分热衷。她每年都会邀请重庆的各界文化艺术爱好者到"碧波山庄"相聚。无论是新朋友还是老朋友，都无法拒绝她那种淡定平静而又充满喜悦的邀约。在"碧波山庄"的客厅里，时常充满欢快优雅的艺术气氛，与江碧波日常工作的清冷画室形成鲜明对比。

2015年江碧波在"碧波山庄"的客厅中

2015年元旦,"碧波山庄"又一次升起了炉火,迎来了新年的客人。四川音乐学院、重庆女性人才学会、巴渝合唱团的艺术爱好者们受邀来到了"碧波山庄",大家围着火炉,弹起钢琴,拉起大提琴、小提琴,唱起抒情、欢快的歌曲。这里既有土生土长的重庆艺术家,也有从北京、东北、陕西等地内迁重庆发展的艺术家,他们都在江碧波的客厅里找到了自己的归属感,找到了现代山城的开放、包容、热情、浪漫。在这里,艺术家们热爱山城,热爱这位山城的老大姐。他们把一曲大家自创的《老师您好!》献给她,温馨舒适的音乐徜徉在整个山庄里。和这里的主人一样,这里汇聚着一群单纯地爱着艺术、爱着生活的人,他们似乎都受到了江碧波艺术情怀的感染,陶醉在这样纯粹的美之中,忘却了世间烦扰。

谈到个人的生活情趣和享受,江碧波说:"人和人的'耍'法不一样,有的人喜欢聊天,喜欢侃,有的人喜欢音乐。我是喜欢音乐的。很多作曲好的音乐我都喜欢,但如果说起来的话,我更欣赏交响乐,它的那种和旋给人很丰富的层次感,我觉得很有意思。"已经到了耄耋之年的她又开始学习弹钢琴。为此,她特地请了位钢琴老师教她。闲暇的时候,她会窝在温暖的房间里练习弹琴,弹《多年以前》,弹《送别》,一只八哥鸟就在旁边倾听,时不时发出附和的鸟鸣,宁静而愉悦,浪漫而温馨。

时光可以治愈人生的一切创伤,在创作的高潮之后,在艰辛的跋涉和澎湃的激情之后,时间总会给人平静舒坦的奖励。狮子山静静的山林中,微风迎面吹拂,江碧波在这里享受着自然的宁静和恩惠。江碧波凝视着杯中旋转的茶叶,说道:"对我个人来说,我已经没有什么遗憾,因为我尽量去做我应该做的和有可能做的事。生活总是美好的,也是自己安

排的，自己的身边有相当真心的朋友，我已经很满足。我的儿子和女儿对我说：‘您营造了大家庭，只要您在我们的家就在。’这些话也让我很温暖。大概前年春节期间，他们的父亲也来看过狮子山‘碧波山庄’。”时光飞逝，恍然间竟然二十多年过去，再多的思绪都已随风消散，“我们就像狮子山上的一棵棵松树一样，都是独立而自在的”……